SUPERÁNDOTE MES A MES

Una Guía de Superación Personal

Alexander Caraballo Castañeda

megustaescribir

Título original: Superándote mes a mes

Primera edición: Julio 2015

© 2015, Alexander Caraballo Castañeda

© 2015, megustaescribir

Ctra. Nacional II, Km 599,7.

08780 Pallejà (Barcelona) España

Las citas bíblicas han sido tomadas de la vrsión de la Biblia: Torat Emet, un mensaje de vida, Editorial keter tora.

ISBN: Tapa Blanda   978-8-4911-2043-8
             Libro Electrónico   978-8-4911-2044-5

Contenido

Agradecimientos ix

Nota del autor... xi

Introducción xvii

El calendario 1

El tiempo 9

Destino y libre albedrío 13

Marzo. Transitando hacia la libertad...................................... 19

Abril. Sanando y refinando..39

Mayo. Avanzando y progresando 51

Junio. La visión correcta..61

Julio. El liderazgo y la humildad...81

Agosto. Tomando acción 101

Septiembre. Practicando el equilibrio.................................... 111

Octubre. Despertando el potencial interior...........................121

Noviembre. Transformando Imposibles en Posibles, los milagros 135

Diciembre. Atrayendo lo Positivo.. 143

Enero. El Hombre, un árbol con raíces en los Cielos............. 155

Febrero. El pre-requisito del éxito, la alegría 163

Epílogo.. 173

Glosario.. 177

*Este libro está dedicado a la eterna
memoria de mis queridas abuelas
Luisa Elena Castañeda, z"l e Isabel Pino, z"l.
Que la lectura de estas páginas sea fuente de méritos para
la elevación de sus almas al jardín del edén. Amén*

Agradecimientos

A Dios, por otorgarme el mérito de publicar esta obra ya que sin su Voluntad nada sería posible.

A mis amados padres, que me han dado el regalo más grande, la vida.

A mi amada Martha, parte de mi alma, ya que sin su apoyo esta obra no hubiese sido posible.

A Choy, mi maestro, mi ejemplo, mi amigo.

Nota del autor

Querido lector:

Superándote Mes a Mes, en esencia, es una obra que tiene el propósito de empoderar al ser humano de una forma auténtica e integral, inspirada en parte en las enseñanzas transmitidas por los eruditos místicos portadores de la sabiduría legada por Adán, el primer hombre, y que este humilde servidor ha tenido la bendición de acceder a ellas, adaptándolas en la medida de lo posible al lector y al lenguaje del hombre contemporáneo. Por otra parte en sus páginas se podrá encontrar la huella que han dejado en mí más de veinte años de experiencia como conferenciante de temas relacionados con la inteligencia emocional, el liderazgo y los procesos de transformación personal e iluminación espiritual del individuo. Si el lector aprecia algún pasaje o parte confusa o mal lograda, se debe únicamente al nivel del autor de esta obra y en ninguno de los casos se debe adjudicar a mis maestros o sabios portadores de esta gran sabiduría.

Durante el transcurso de mi trabajo como conferenciante y *coach* en procesos relacionados con la superación personal y el bienestar integral del ser humano, he tenido la gran bendición de que mi alma haya sido tocada por cada una de las personas que han coincidido conmigo en este extraordinario camino de crecimiento personal, que tiene como propósito elevar el nivel de conciencia y calidad de vida del ser humano, brindándole el conocimiento, las técnicas y herramientas que le permitan potenciarse y lograr transformarse en un generador de éxito y felicidad para sí mismo y para todos aquellos que le rodean.

Esta obra, que ahora tienes en tus manos, no es solo una guía de superación personal, que reúne más de veinte años de estudio y experiencia, sino que es un compendio para lograr un crecimiento personal y espiritual sostenido mes a mes. De esta manera, cada mes, y todos los futuros meses que puedan existir en nuestro calendario, esta se irá renovando automáticamente ante tus ojos, debido a que cada vez que estudies el capítulo correspondiente al mes en cuestión, conseguirás alcanzar una comprensión más completa y profunda de la energía encapsulada en el tiempo, y de forma muy especial, podrás comprender cuáles son las leyes físicas y espirituales que inciden directamente en la conducta del ser humano y su capacidad para elevar su calidad de vida y de bienestar generando así armonía, salud, paz y felicidad.

Por otra parte, este libro te brinda la oportunidad de materializar esa transformación personal, no lograda hasta ahora, y que anhelas desde hace mucho tiempo. Es por ello que mi invitación es a que abras tu corazón y tu mente a los secretos, conceptos y herramientas contenidas aquí... Para que de este modo puedas obtener todos sus beneficios. Aunque, honestamente, solo con hacer un mínimo esfuerzo en poner en práctica el mensaje de esta guía de superación personal, podrás ver en tu día a día mejoras que te permitirán experimentar esa vida plena y feliz que siempre has anhelado.

Con cada frase, cada párrafo y cada mes, emprenderás un viaje; un viaje hacia tu propio interior, el cual tiene el firme propósito de presentarte a la persona más importante de tu vida: tú mismo. Es un viaje de autodescubrimiento interior en donde lograrás descubrir cuáles son esas cualidades que te potencian como ser humano, o por el contrario, las que te limitan para alcanzar el éxito deseado; y a partir de este punto enfocar tu trabajo interior en busca de tu perfeccionamiento personal. Cuando hablo de perfeccionamiento personal simplemente me estoy refiriendo al lugar donde debes apuntar y canalizar tus esfuerzos de mejoramiento, ya que la perfección en este mundo físico y dual es inexistente, pero como ser humano es tu deber apuntar hacia esa perfección, ya que solo así podrás irte superando día tras día e ir materializando resultados que puedan elevar tu calidad de vida y nivel de satisfacción personal.

En cuanto a la superación, al final de cada capítulo encontrarás acciones concretas que te permitirán ir subiendo peldaños en la escalera de tu crecimiento personal para ir recibiendo los beneficios de transitar por el tiempo de una forma consciente. Mi recomendación es que esas acciones o sugerencias las veas como metas o destinos a los cuales deseas llegar; te advierto que el camino no es fácil pero cuando inicies su transitar comenzarás a disfrutar automáticamente de una verdadera satisfacción en todas las áreas de tu vida.

Por tanto, te pido por favor, querido lector, que leas este libro con concentración y con una mente y corazón abiertos, al hacerlo, verás como por arte de magia tu vida mejorará día tras día, ya que comenzarás a ser causa y no efecto, creando condiciones para convertirte en el verdadero maestro de tu propia vida.

Mi recomendación es que lo leas una y otra vez y en especial el capítulo que corresponde al mes en curso, ya que las chispas de luz plasmadas ahí develan las leyes físicas y espirituales que rigen al ser humano en ese determinado momento, y llevan el firme propósito de potenciarte como ser humano brindándote las herramientas necesarias para que logres vivir una vida más feliz y satisfactoria.

Mi mayor deseo es que aquel que lea este libro y se esfuerce en transitar *mes a mes* por este genuino camino de superación y crecimiento, que todos sus problemas desaparezcan definitivamente de su vida y sus juicios severos sean endulzados, y así, el cumplimiento de su misión en esta vida sea realizada satisfactoriamente y con éxito.

Y entonces el rey Salomón, quien todo lo sabía, habló así: «Ahora observen que todos los hechos del mundo están controlados por un vasto número de cuerpos astrales. Pero la gente del mundo no conoce, ni considera, a aquello que los sostiene».

EL ZOHAR

Introducción

El destino de cada persona, la habilidad para cambiarlo, la astrología y la influencia de la energía de los astros en el ser humano, han sido temas muy polémicos y discutidos a lo largo de la historia de la humanidad en muchas civilizaciones, religiones y culturas. Desde el principio de los tiempos, el hombre ha usado todas las herramientas y conocimientos que ha tenido a su disposición para buscar, con cierto afán, la relación que existe entre los cuerpos físicos presentes aquí abajo, en su mundo, y los cuerpos astrales presentes allá arriba, en el cosmos.

Esta búsqueda lo ha llevado a explorar toda la sabiduría e información legada por los ancestros de las diferentes civilizaciones, para así poder estudiar la conexión entre los astros presentes en el cosmos y la conducta del ser humano, y en especial, la relación de estos cuerpos astrales con su destino y nivel de éxito en la vida.

En este sentido, Albert Einstein, uno de los científicos más importantes de la historia, dedicó más de cuarenta años de estudio e investigación para dar a conocer su teoría del campo unificado. Según esta teoría todas las fuerzas o energías existentes están dentro de una misma ecuación, ya que para Einstein, todos los cuerpos físicos y metafísicos presentes en el universo, incluidos los astros, se relacionan entre sí ejerciendo una influencia energética entre ellos.

Gracias a la aparición y desarrollo de la física cuántica, hoy en día es posible reafirmar el conocimiento legado por los sabios de la antigüedad, quienes señalaban que la influencia astrológica generada por los cuerpos astrales presentes en el sistema solar tienen un efecto directo sobre los cuerpos físicos presentes en la Tierra y, de forma muy particular, sobre el destino de los seres humanos.

La incidencia de las fases de la Luna sobre las mareas es una prueba irrefutable de ello. Como dato curioso, es importante señalar que el planeta Tierra está compuesto aproximadamente por un 70 por ciento de agua, y a su vez el cuerpo humano contiene el mismo porcentaje de ese elemento en su interior. El Talmud comenta acerca de esta semejanza que el hombre es como un mundo pequeño y que el mundo, a su vez, es como un gran hombre. No resulta temerario pensar que si la Luna tiene una influencia sobre las aguas de la tierra (cuerpos físicos), esta a su vez ejerza una influencia similar sobre los cuerpos físicos de los seres humanos.

Una demostración sobre cómo los cuerpos físicos presentes en el cosmos influyen sobre los cuerpos físicos presentes en la tierra se pudo observar en un estudio psiquiátrico realizado por el medico suizo Paracelso en el siglo XVI, en el cual se demostró la conexión entre un cuerpo astral, en este caso la Luna, y los seres humanos.

Este médico estaba convencido de que en el ser humano había un cuerpo visible (físico) y otro invisible (metafísico). Este último es el que lo hacía superior, libre y capaz de resucitar. La parte visible o física estaría compuesta por el cuerpo animal (o elemental) y el cuerpo invisible o metafísico, relacionado con el ánimo, la sabiduría y el arte.

De este estudio derivó el vocablo «lunático», para referirse a una persona que padece de alguna disfunción en su comportamiento, cuando se pudo observar que una vez que la Luna entraba en su fase llena, en los hospitales y especialmente en las clínicas psiquiátricas, los pacientes manifestaban altos niveles de nerviosismo y alteraciones psicológicas. Se conectaba de esta manera el comportamiento de los pacientes con el cuerpo astral. El término lunático se mantuvo vigente hasta bien entrado el siglo XIX para designar tanto a los pacientes como a los asilos reservados para ellos. De hecho, todavía hoy en día continuamos oyendo y utilizando esta terminología.

Por otro lado, un estudio realizado entre los años 1956 y 1970 por el profesor Arnold L. Lieber mostró que la mayoría de los asesinatos ocurrían justo antes de la Luna llena, mientras que los suicidios sucedían durante el clímax de esta fase lunar. Con esta aproximación, Lieber quería demostrar la influencia de la Luna sobre la conducta de las personas. Estudios recientes han corroborado de alguna manera el conocimiento que tenía José, hijo de Jacob y nieto de Abrahán, en el antiguo Egipto, y que este transmitió a los agricultores de la época. Este conocimiento heredado por sus ancestros indicaba en qué fase de la Luna se debía sembrar para obtener el máximo beneficio en la cosecha; relacionaba así la conexión entre la Tierra (cuerpo físico abajo) y la Luna (cuerpo físico arriba).

Sin lugar a duda, estas estructuras o cuerpos físicos con cualidades astrales presentes en el cosmos influyen de forma poderosa y directa sobre las estructuras o cuerpos físicos de la Tierra.

Por tanto, cabe preguntarse: ¿Cómo esos cuerpos astrales (arriba) presentes en el sistema solar influyen en el mundo físico (abajo)? La respuesta gira en torno a que estas estructuras cosmofísicas influyen sobre todas las estructuras físicas presentes en la Tierra descargando sus particulares energías sobre esta y sobre todo el sistema solar en general.

A través de sus órbitas, los astros transmiten todos los fenómenos y energías que rotan en el mundo metafísico o espiritual a su contrapartida en el mundo físico. Es decir, cada evento que se manifiesta en el mundo físico tiene su origen en lo alto, y es transmitido por estos cuerpos astrales de una forma apropiada y necesaria, es por ello que cuando un acontecimiento tiene lugar en el mundo físico se relaciona directa o indirectamente con un cuerpo astral en particular.

En tal sentido es posible aseverar que la capacidad que tienen todas las cosas de existir en el mundo físico corresponde a la influencia de estos cuerpos astrales presentes en el cosmos.

Por tanto, estas aseveraciones y demostraciones llevan a desempolvar el conocimiento antiguo, donde se señalaba que una apropiada conexión o desconexión con la energía emanada por estos cuerpos cosmofísicos permite al ser humano crear manifestaciones físicas.

Esto se debe a que toda cosa manifestada en el mundo físico primero se manifestó potencialmente en el mundo metafísico. Por ejemplo, una prenda de vestir fue concebida en primer lugar como una idea en la mente del diseñador, y luego a ese pensamiento le impregnó el entusiasmo necesario para que a su vez este pudieran generar las acciones para manifestar físicamente dicha prenda de vestir.

Del mismo modo ocurre con la realidad física del ser humano. La persona, de forma consciente a través de su alma o inconsciente a través de su ego, hace una conexión con la realidad cósmica, la cual irradia una determinada influencia astrológica sobre esta. El alma o el ego funcionan como puentes entre el mundo espiritual (metafísico) y el mundo material (físico), y es a través de esta conexión que se logra crear manifestaciones físicas de cualquier tipo; esto se debe a que el alma o el ego, según sea el caso, actúan como un canal que manifiesta, en la realidad física de la persona, una influencia astrológica ya determinada por la posición de los astros, bien sea en el instante de su nacimiento o en un momento concreto de su vida.

Con esta afirmación, seguramente te estarás preguntando si la suerte de la persona está marcada desde el mismo momento de su nacimiento. Y la respuesta es que sí, efectivamente, el destino de cada persona está marcado desde mucho antes de su nacimiento, y la alineación que tengan los cuerpos astrales en el momento de su nacimiento simplemente viene a asegurar que la energía cósmica que influye sobre ella sea la adecuada con el destino y con la misión por la cual ha nacido. Pero la buena noticia es que a medida que te sumerjas en las páginas de esta obra encontraras el conocimiento y las técnicas necesarias para dejar de lado ese destino básico y transformarte en el verdadero maestro de tu propio destino.

El universo funciona como un gran computador que contiene el software más avanzado y perfecto que jamás conocerá la humanidad, ya que este programa es capaz de realizar todas las conexiones necesarias para brindarle a cada persona el escenario adecuado que precisa su alma para alcanzar su desarrollo y plenitud, y de esta manera contribuir a traer el cielo a la tierra. Por ello la persona debe conocerse a sí misma para maximizar las cualidades positivas que la potencian y, por otro lado, mitigar las cualidades negativas que la limitan, las cuales son la causa del caos, miserias, problemas, desamor e infelicidad que puede experimentar.

El ser humano posee un cuerpo físico el cual también se encuentra subyugado a este sistema de influencias astrales, pero a su vez es el único ser vivo que a través del trabajo interior y sus acciones puede modificar sus rasgos de personalidad (conducta) y su destino (suerte).

Se hace necesario entender que existe una voluntad que guía a todo ser vivo, y en especial al ser humano, en su transitar por este mundo físico. El conocimiento acerca de cómo opera esta voluntad y cómo a su vez esta voluntad está conectada con las leyes que rigen las influencias astrológicas que emanan los cuerpos astrales, es un camino que puede ayudar a la persona a elevar su nivel de conciencia, para así superarse y elevarse por encima de cualquier influencia astrológica convirtiéndose en el maestro de su propio destino.

Cuántas veces hemos escuchado que cuando Mercurio está retrógrado las relaciones y comunicaciones se vienen abajo, o que una persona es como es debido a su signo. Si esto es así, entonces, ¿qué papel desempeña el libre albedrío en la vida de la persona? Primero es importante desmontar ese paradigma sobre Mercurio retrógrado. Para esto es necesario entender que ningún planeta se desplaza hacia atrás, esto es solo una ilusión óptica divisada desde la Tierra cuando su órbita alcanza o adelanta la órbita de Mercurio, y si ya sabemos que la influencia astral que recibe la Tierra está en crear caos en las relaciones, es necesario ser conscientes de que la manifestación de todo este caos va a depender del autocontrol y la proactividad de cada persona. Lo que sí es una verdad irrefutable es que si la persona evita ser reactiva en el tiempo cuando Mercurio esta retrógrado saldrá más fortalecida en cuanto a sus relaciones se refiere. Por otra parte, eso de decir que «yo soy así» y en especial darle la responsabilidad al signo o elemento astrológico que lo rige es cierto, pero está en las manos de cada uno la respuesta para mejorar y alcanzar su corrección, y digo en sus manos, ya que es a través de sumar acciones proactivas y mitigar las reactivas es que la persona puede mejorar y perfeccionarse como ser humano. Ahora, volvamos al papel que desempeña el libre albedrío en todo este sistema.

El libre albedrío es un don único y especial que en toda la creación solo posee el ser humano, pero para poder usar tan preciado don primero se debe ser «libre»; sí, lo has leído bien: se debe «ser libre». Y muchos se preguntarán, ¿libre de qué? Seguramente estarán pensando que ya son personas libres, pues no tienen a nadie externo que les tenga esclavizado. Pero el tipo de esclavitud al que nos estamos refiriendo aquí es una muy particular, es aquella donde el amo que ejerce el yugo es una parte de la persona misma, esa parte que ejerce ese yugo es conocida comúnmente como el ego; en psicología transaccional es conocido como *el niño interior*. Por tanto, podemos afirmar que no todas las personas son libres, ya que aproximadamente el 99 por ciento viven esclavizadas a la voluntad o deseos de su propio ego. Lamentablemente, esta sumisión las hace ser como una especie de marionetas que viven su vida a la orden de la energía del día que se configure con la alineación de los astros, pues a través de sus egos, estas se mantienen conectadas a las influencias astrológicas que puedan emanar los cuerpos astrales presentes en el cosmos.

El ego es la parte del ser humano que busca la supervivencia en este mundo físico. Este capta y concentra todo el determinismo asignado a cada persona desde mucho antes de su nacimiento. Este determinismo, por una parte, está dirigido y sostenido por la alineación de los astros, ya que su misión es brindarle a la persona el escenario y las cualidades que la potencien y la limiten, para que al finalizar su paso por este mundo haya tenido la oportunidad de superarse mejorándose a sí misma haciendo su corrección, o *tikún*, como es conocido en hebreo. Y por otra parte, este determinismo está dirigido y sostenido por los rasgos físicos, emocionales y mentales heredados por los padres y transmitidos a través del ADN.

Esta corrección personal consiste en la búsqueda del perfeccionamiento del alma de la persona, cosa que solo es posible cuando esta se separa de su naturaleza egoísta y lograr conectarse con la altruista. Esta conexión con el deseo de recibir para compartirlo con otros lo llamaremos *altruismo*. Cuando la persona logra su corrección, a su vez esta manifiesta un efecto de perfección para toda la creación, es decir, cuando un individuo se perfecciona como ser humano influye en el perfeccionamiento de toda la creación en general. Por este motivo una característica del ego es que crea en la persona la ilusión de que en todo momento controla su vida y su destino, y de que elige qué hacer y qué no hacer en cada instante. Esta ilusión tiene un alto coste, ya que la aleja de poder ejercer su libre albedrío, de su corrección, y por ende, del propósito por el cual ha nacido. El ego viene a representar la Matrix en la película del mismo nombre escrita y dirigida por Lana y Andy Wachowski, en la cual la Matrix (el ego) es un creador de ilusiones que muestra a las personas una realidad engañosa, con la cual las mantiene sumisas a su voluntad.

Solo elevando el nivel de conciencia y conectándose con su voluntad altruista y proactiva, que tiene su raíz en el dar sin esperar nada a cambio, la persona podrá sobreponer y desplazar su voluntad instintiva y reactiva del ego o ese deseo de recibir para solo satisfacerse a sí mismo.

Con esta voluntad altruista, la cual permanece alineada con un deseo constante de recibir para compartir con los demás, y de dar sin esperar, la persona puede realmente ejercer su libre albedrío y decirle adiós a la influencia astrológica y a su destino básico con el cual ha nacido. Ya que cuando la persona logra elevarse por encima de la influencia de su ego, entonces puede elevarse por encima de las influencias astrológicas y conectarse con su verdadera yo, con lo cual podrá tomar un control total de su vida y destino.

A medida que te sumerjas en la lectura de esta obra e inicies tu viaje, descubrirás en sus páginas esas chispas de luz que te harán consciente de las herramientas que suele usar el ego para mantenerte sometido a su voluntad, y a su vez poder darte una idea de cuál es tu lugar y misión en este mundo.

Al final de cada capítulo encontrarás una lista de acciones específicas con las cuales podrás conectarte con la voluntad altruista de tu alma o con ese deseo de recibir para compartir con los demás, el cual te permitirá alcanzar el nivel de satisfacción y felicidad duradera que tanto has anhelado para tu vida. Estas acciones buscan que la persona haga un alto en su rutina de vida para que pueda desconectarse de su naturaleza egoísta y, a su vez, logre hacer una conexión genuina con la altruista.

Tanto este plano físico como los planos espirituales están determinados por la ley de causa y efecto. Partiendo de esta premisa es posible entender que todo lo que ocurre en el mundo, incluidos los hechos en la vida de cada persona, son solo el efecto de una causa. Por tanto, las casualidades no existen, ya que el ser humano vive en un mundo regido por la causalidad y en ninguno de los casos por la casualidad.

Esta obra está diseñada para mostrar el verdadero propósito de las influencias astrológicas y el papel que desempeña el ego en este propósito. En ella también se comprenderá la razón por la cual estas influencias presentes desde el momento del nacimiento de la persona la empujan continuamente, mes a mes, hacia una dirección que hasta ahora no había comprendido.

Cada capítulo se detalla un mes en particular. Al conocer la esencia de la energía cósmica de cada mes, podrás elevarte por encima de cualquier influencia astrológica y, mejor aún, aprenderás a utilizar estas energías para transformarlas en pautas para un trabajo interior que te conduzca al éxito.

Este libro es una guía de superación personal que te permitirá transitar mes a mes por un camino de transformación con el cual podrás alcanzar el éxito personal y la autorrealización, y convertirte en el único y verdadero creador de tu destino, sin importar lo que puedan señalar las cartas astrales, los posicionamientos, las convergencias de los astros o los rasgos de personalidad determinados en tu propio ADN. Como dijo Albert Einstein: «Somos los únicos seres que podemos cambiar nuestra biología con nuestro pensamiento».

El conocimiento del cálculo perfecto de las horas, los días, las semanas, los años y en especial los meses del año fue adquirido originalmente por los primeros hombres, identificados tradicionalmente con Adán. También conocían a la perfección el funcionamiento del cuerpo humano y su relación con el alma, ya que cada parte u órgano del cuerpo físico tiene su contraparte en un cuerpo metafísico, es decir, en el alma. Tenían asimismo un conocimiento profundo del funcionamiento de la naturaleza y de las leyes físicas y espirituales que la rigen; conocimientos necesarios e indispensables para el desarrollo de la humanidad. Estos conocimientos fueron transmitidos de manera secreta y segura de boca a boca, de una persona de suma rectitud y confianza a otra, generalmente fue legada de padre a hijo.

Así, según la tradición bíblica esta sabiduría Adán la transfirió a su descendiente y este al suyo, y así fue transmitida de forma sucesiva de generación en generación. Por ejemplo, Adán la transmitió a Set, Set a Enosh, Enosh a Kenán, Kenan a Mahalalej, Mahalalej a Lared, Lared a Enoj, Enoj a Matusalén, Matusalén a Lemej, Lemej a Noé, Noé a Sem y Sem a Abrahán y a Jacob. Como se observa este conocimiento ha acompañado al hombre desde el inicio de los tiempos, el cual es la base de las chispas de sabiduría contenidas en esta obra.

El patriarca Abrahán fue el primer astrólogo conocido, por tanto su conocimiento de la astrología era el más puro y fidedigno de la historia de la humanidad, ya que diversas civilizaciones tomaron sus enseñanzas y las combinaron con sus distintos cultos paganos y politeístas; una muestra de ello es el conocimiento de los astros que tenían los astrólogos de Egipto y de la antigua Grecia.

En relación al conocimiento de Abrahán sobre la astrología, en el Talmud se menciona que los reyes y líderes del Este y del Oeste acudían a él para consultar sobre astrología y cómo los cuerpos astrales influían en ellos (tratados de *Yomá 25b* y de *Babá 16b*). En la obra de Abrahán *El Sefer Yetsirá,* que se traduce como el *Libro de la formación,* y se remonta a hace aproximadamente cuatro mil años, se pueden hallar todos los secretos del universo, incluido el saber de la astrología y la cosmología, ya que el patriarca se dedicó a plasmar en pergaminos los conocimientos que una vez le fueron transmitidos por Sem, hijo de Noé, y que se remontan al principio de los tiempos.

En este libro, en su sección de astrología y cosmología, Abrahán enumera los doce meses del año y explica que cada uno de estos meses trae consigo una energía única y especial, un sentido o cualidad para el refinamiento personal, que a su vez está controlada por un órgano particular del cuerpo humano. Esta sabiduría muestra un calendario con puertas de entrada para conectarse, de forma positiva, con la energía particular de cada uno de los meses. A estas puertas también se les pueden agregar doce acontecimientos relatados en la historia bíblica, ya que al comprender lo que ocurrió en un momento determinado de la historia o de la vida de una persona, se podrá conocer la energía encapsulada en ese tiempo, para saber las causas o la raíz de los acontecimientos presentes, pues el tiempo no es un molde pasivo en el cual se graban las acciones, sino la fuente de energía para todo lo que ocurre en la vida de las personas y en la humanidad misma.

El correcto cálculo de las órbitas astrales y la numerología son los aperitivos de la sabiduría.

EL TALMUD

El calendario

Según el DRAE, un calendario es un sistema de representación del paso de los días, agrupados en unidades superiores, como semanas, meses, años, etc. El calendario podría definirse como un sistema de acuerdos y normas con las cuales el hombre divide el tiempo.

Adán, según la tradición, era conocedor del cálculo perfecto del tiempo; este lo pasó a su descendiente Set, y este a su vez a su descendiente, y así fue pasando este conocimiento de manera sucesiva de generación en generación hasta llegar a Moisés, quien tuvo el privilegio de recibirlo por dos vías: una de manos de su hermano mayor, Aarón, y otra directamente de la luz durante los cuarenta días y cuarenta noches que permaneció en el monte Sinaí.

Durante cuarenta años Moisés fue plasmando ese conocimiento en pergaminos, que formaron cinco libros; actualmente estos cinco libros conforman la Biblia. En esta, Moisés transmitió aproximadamente el 1 por ciento del conocimiento, y se reservó el 99 por ciento del mismo para ser transmitido de forma oral, el cual fue recopilado en el compendio llamado la Mishna, de donde deriva una rama explicativa de la sabiduría conocida como el Talmud.

En Levítico 23:4 se relata que Dios habló a Moisés diciéndole que le transmitiera al pueblo (la humanidad) lo siguiente: «Diles: "Hay tiempos específicos (en el calendario anual) que deberán celebrar como convocatorias sagradas al Eterno. Estos son mis

1

tiempos específicos"». El Talmud explica que este pasaje emite un ordenamiento directo en lo que concierne al cálculo del tiempo y en especial de las fechas de las «convocaciones sagradas» con las cuales se debería regir el calendario de la humanidad. Por otra parte, el comienzo de cada mes está vinculado con la aparición de la Luna nueva, como está establecido en el libro del Éxodo o como lo expresa el libro de Salmos 104:19, que dice: «Hizo la luna para fijar las fechas...».

El calendario civil que se utiliza actualmente, conocido como calendario grecorromano, se denomina así debido a que el conocimiento de sus cálculos tiene como base la cultura politeísta de las antiguas civilizaciones de Grecia y Roma. En este calendario los meses no comienzan con la Luna nueva y tampoco poseen ninguna relación con el movimiento de la Luna, como se especifica en el libro del Éxodo.

Los romanos, con unas creencias opuestas a las manifestadas en el texto bíblico, renunciaron al significado original del mes como período determinado por la Luna, ya que su cultura giraba alrededor de la adoración del Sol. Por este motivo el domingo (*Sunday*), el día dedicado al Sol, se consideraba festivo y de consagración de la semana. Así, la cultura grecorromana tomó los 365 días del año y los dividió en doce períodos similares, en los que determinaron que cuatro meses tuvieran treinta días; siete meses, treinta y un días, y un mes, veintiocho días (exceptuando el bisiesto, que tiene veintinueve).

Aunque este calendario tiene una desconexión total con el calendario bíblico, llama fuertemente la atención que al nombrar a los meses asignaran también a los meses nueve, diez, once y doce los nombres de septiembre (que viene de séptimo), octubre (octavo), noviembre (noveno) y, finalmente, diciembre (décimo). Esto es un enigma, pero seguramente el propósito fue recordar el conteo original de los meses, como estaba establecido desde el principio de los tiempos.

Lo que se conoce como un año terrestre o sideral es el tiempo que tarda el planeta Tierra en dar una vuelta completa alrededor del Sol, conocido comúnmente como el movimiento de traslación. El año finaliza cuando la Tierra retorna al mismo punto de partida en el que estuvo al comenzar su movimiento alrededor del Sol. Este movimiento tarda aproximadamente 365,25 días.

Como se ha mencionado, según la tradición bíblica el conocimiento del cálculo perfecto del calendario o del tiempo, donde los meses podían mantener sus respectivas estaciones, fue adquirido originalmente por Adán, el primer hombre. Este conocimiento fue transmitido de forma reservada y únicamente de una persona a otra hasta llegar a Moisés.

Este conocimiento de cálculo perfecto del calendario busca sincronizar en todo momento los meses del año con sus respectivas estaciones. Pero ¿por qué es tan importante que cada mes coincida con su respectiva estación del año? Y ¿por qué es tan importante para la sabiduría legada por Adán que cada fecha sea año tras año la misma? ¿Es por capricho? ¿O es que hay algo importante en cada fecha?

¿Alguna vez te has preguntado si los eventos que ocurren en determinadas fechas son los que hacen las fechas especiales; o por el contrario, si son las fechas las que causan esos eventos.

Cada día o fecha tiene una energía única, lo que hace a ese día especial y diferente al resto de los días. Partiendo de esta premisa existen dos tipos de personas; unas que permiten que los eventos definan sus días, y otras que se conectan con la energía y la santidad de estas fechas para sacarle en máximo provecho para su autorrealización y perfeccionamiento humano, convirtiéndose así en los creadores de los eventos en sus vidas. ¿Con cuál de ellas te identificas en este momento de tu vida?

Ahora bien, es imprescindible saber que toda la creación está basada en una estructura de tres, por tanto, el tiempo no escapa de esta estructura. Veamos por qué.

Las tres unidades básicas del tiempo son el día, el mes y el año. El día y el año son determinados por el Sol. Por otra parte, hemos aprendido que los meses son determinados por la Luna. Así, el calendario bíblico es «lunisolar», en donde los meses se fijan por el ciclo de la Luna, y a su vez, estos meses deben corresponder con las estaciones del año, que son regidas por el Sol.

Según la sabiduría legada por Adán, un mes deberá ser el período comprendido entre la aparición de la Luna nueva hasta la próxima Luna nueva. Ya que este satélite tarda aproximadamente 29 días y medio en circundar nuestro planeta.

Cuando se dice que un mes lunar tiene aproximadamente 29 días y medio, no significa realmente que exista un mes con 29 días y medio, ya que un mes no puede contener medio día. Cada día pertenece a uno o a otro mes. Decir que contiene 29 días y medio solo significa que la mitad de estos períodos que conforman el año tienen 29 días y la otra mitad 30 días, razón por la cual la duración promedio es de 29 días y medio.

En este sentido, un año, la unidad de tiempo regida por el Sol, es un poco más largo que doce meses, ya que estos últimos son aproximadamente 354 días y un año tiene 365 días y cuarto. En otras palabras, los doce meses representan once días menos que un año.

Partiendo de esto podemos concluir que si únicamente hubiera doce meses en cada año, los meses se retrasarían con respecto a las estaciones. Los meses de verano, que son los de Cáncer, Leo y Virgo, comenzarían en la primavera y los meses de primavera, Aries, Tauro y Géminis, empezarían en invierno. Con esta forma de calcular el tiempo, al cabo de tres años, los meses estarían atrasados aproximadamente 33 días, lo cual es más que un mes y en 18 años los meses tendrían un retraso de aproximadamente 7 meses, con respecto al cálculo original.

Este es el primer problema que se afronta al establecer un calendario. ¿De qué manera pueden los meses mantenerse en sus respectivas estaciones?

La sabiduría legada por Adán resuelve este inconveniente agregando un mes extra siete veces cada 19 años. Con este mes extra se logra sincronizar los meses, que son regidos por la Luna y guardan una energía cósmica con el año, que es regido por el Sol.

Energéticamente esto es muy importante, ya que el ciclo del Sol representa los procesos estables y cíclicos de la creación del mundo, como son las cuatro estaciones del año y la fijación del día y la noche. Por otra parte, la Luna sirve para determinar los meses

4

y con ellos una energía renovadora especial, ya que basados en la perspectiva del hombre, en permanente cambio y transformación, nace, crece, declina y desaparece para nuevamente volver a renovarse.

Tabla equivalente del inicio de los meses por ocho años

El calendario bíblico tiene como base fundamental los doce meses lunares adaptándolos de una manera exacta al sistema solar, tal como se ha mencionado. Por ello, contar el mes lunar a partir del nacimiento del astro lunar en el horizonte tiene como resultado que no sea posible establecer una exacta y estable correspondencia con el calendario civil y sus meses solares conocidos estrictamente como enero, febrero, marzo, etc.

A continuación se presenta una tabla de equivalencias del inicio de los meses entre el calendario civil y el calendario bíblico, con la finalidad de apoyar al lector en conocer el día exacto del comienzo del mes astrológico según la sabiduría legada en la Biblia. Es de suma importancia recordar que los días bíblicos comienzan al ocaso del día, como está descrito en Génesis 1:5. Con esta herramienta el lector podrá conocer cuándo comienza a establecerse e influir la energía astral de cada uno de los meses y de esta manera podrá sacarle el mayor provecho en cuanto a su crecimiento personal se refiere.

Correspondencia en el Calendario Civil del comienzo de los meses astrologicos del Calendario Bíblico

SIGNO (Mazal)	2015	2016	2017	2018	2019	2020	2021
Aries	21-Mar	9-Apr	28-Mar	17-Mar	6-Apr	26-Mar	14-Mar
Tauro	20-Apr	9-May	27-Apr	16-Apr	6-May	25-Apr	13-Apr
Géminis	19-May	7-Jun	26-May	15-May	4-Jun	24-May	12-May
Cáncer	18-Jun	7-Jul	25-Jun	14-Jun	4-Jul	23-Jun	11-Jun
Leo	17-Jul	5-Aug	24-Jul	13-Jul	2-Aug	22-Jul	10-Jul
Virgo	16-Aug	4-Sep	23-Aug	12-Aug	1-Sep	21-Aug	9-Aug
Libra	14-Sep	3-Oct	21-Sep	10-Sep	30-Sep	19-Sep	7-Sep
Escorpio	14-Oct	2-Nov	21-Oct	10-Oct	30-Oct	19-Oct	7-Oct
Sagitario	13-Nov	1-Dec	19-Nov	9-Nov	29-Nov	17-Nov	5-Nov
Capricornio	13-Dec	30-Dec	19-Dec	9-Dec	29-Dec	16-Dec	5-Dec
Acuario	21-Jan	11-Jan	28-Jan	17-Jan	7-Jan	27-Jan	14-Jan
Piscis	20-Feb	10-Feb	27-Feb	16-Feb	6-Feb	26-Feb	13-Feb
Piscis II		11-Mar			8-Mar		

*En relación a Piscis II, ver explicación en el tema de "El Calendario" y en el capitulo de "La energia del 12vo mes", correspondiente a Piscis

6

Porque para todo hay un tiempo y una estación.

Todo tiene su tiempo y hay un momento apropiado para todo propósito bajo el cielo.

ECLESIASTÉS

El tiempo

Las personas hoy en día están agotadas de perder lo más valioso que tienen, que es el tiempo. Y es por esta razón que han comenzado una búsqueda de conocimientos que les permitan evitar tropezar una y otra vez en la búsqueda del éxito y la felicidad.

Estas personas buscan mecanismos que minimicen el riesgo, la improvisación y el aprendizaje por ensayo y error a la hora de emprender en busca del éxito. Por tanto, exploran constantemente herramientas que les permitan convertirse en la causa y no en el efecto de los eventos que le suceden en su vida. Por otra parte, están experimentando un despertar y ya han comenzado a reconocer que su realidad externa es sencillamente una extensión de la interna. Por esta razón han comprendido que si desean cambiar su realidad externa necesitan primero hacer un cambio en su interior.

Esta realidad interna está compuesta generalmente por tres factores, que son:

1) Las creencias (paradigmas o mapas mentales)
2) Los pensamientos (valores y filosofía de vida)
3) Los sentimientos (emociones positivas o negativas)

Estos factores logran expresarse en la vida de la persona, por una parte a través de la manifestación consciente o inconsciente de sus propias acciones, y por otra, a través de eventos que le reafirmen y correspondan con los tres factores mencionados.

Este reciente despertar y sed de conocimiento lleva a las personas a hacer grandes esfuerzos por conocerse a sí mismas, para lograr identificar sus potencialidades y limitaciones, y buscan, además, elevar su nivel de conciencia a través del acercamiento a algún tipo de sistema o sabiduría que les desvele las leyes universales y espirituales por las cuales se rigen sus vidas y el mundo en general, y lograr generar el tan ansiado éxito personal.

El tiempo transcurre cíclicamente a través de unidades constituidas por instantes, horas, días, semanas, meses y años. En realidad, estos ciclos son como espirales, ya que ningún instante es igual a otro; cada nueva visita a un mismo punto en el tiempo se corresponde a su idéntico anterior, solo que en un plano más elevado.

El trabajo como buscador de la verdad, particularmente para esta obra, consiste en conocer las fluctuaciones del tiempo para que así se logre en cierta medida corregir y/o llenar correctamente de energía positiva cada uno de esos instantes, días, semanas y años, que conforman el tiempo en la vida de cada persona.

Cada instante en el tiempo es único y especial y contiene toda la energía necesaria para apoyar a la persona a salir victoriosa de cada reto con el que se enfrente en cada momento de su vida.

Si se lograra comprender el flujo de estos ciclos se podría garantizar la conexión adecuada de la energía interior de la persona, y de esta manera amplificar inconmensurablemente su crecimiento personal. Por tanto, cada instante está cargado con una energía particular que apoya a la persona a lograr lo que necesita alcanzar en ese momento específico. En tal sentido, es imperativo recordar que el tiempo no es un molde pasivo en el cual se graban las acciones, sino que es la fuente de energía para grabar cada una de las acciones.

Veamos ahora la unicidad que tiene la oportunidad en cada momento. En el poema bíblico conocido como *El Cantar de los Cantares*, atribuido a un hombre sabio, como lo fue el rey Salomón, dice: «Yo dormía, pero mi corazón velaba; escuché la voz de mi amado que llama: "Ábreme, hermana mía, amada mía, paloma mía, perfecta mía... Ya me he quitado el manto, ¿he de ponérmelo de nuevo? Y me he lavado los pies, ¿he de ensuciarlos?"». Y después de la demora, continúa el poema con: «Yo me levanté para abrirle a mi amado, pero mi amado se había ido...».

Este texto lleva a una profunda reflexión en relación al tiempo, ya que esta debe conducir a la persona a desarrollar una sensibilidad única en lo que al flujo de energía del tiempo concierne. Se debe comprender que el tiempo es perfecto y que cada momento tiene su tiempo. Como lo menciona el rey Salomón en Eclesiastés, en su capítulo 3, «Todo tiene su tiempo... Tiempo de nacer, y tiempo de morir; tiempo de plantar, y tiempo de arrancar lo plantado...».

Una de las pruebas especiales que se le presenta a la persona en su paso por este mundo es la de, a través de su libre albedrío, hacer uso correcto de las oportunidades que se le presentan a lo largo del tiempo.

En la lengua del paraíso o del jardín del edén, lenguaje usado por Adán al principio de los tiempos, la palabra tiempo es *zamán*, término que comparte raíz etimológica con la palabra *hizdamut,* que se traduce como «oportunidad», y con la palabra *hazmán,* que quiere decir «invitación». Con esto se tiene que el tiempo es la invitación que recibe cada persona de darse la oportunidad de cumplir con la misión y propósito por el cual ha nacido. Por otra parte, tradicionalmente se cree que la persona muere y se retira del mundo por dos motivos: cuando ya ha cumplido con su misión o propósito individual, o cuando ya no tiene ninguna posibilidad de lograrlo.

Eliyahu Dessler transmitió una gran enseñanza, en la cual comparaba el ciclo astrológico con la ruta de un tren en marcha. Este tren se detiene en doce estaciones, que son comparadas con los doce meses del año, y en cada una de estas paradas están disponibles unos regalos únicos y especiales para el desarrollo del ser humano. En esta obra conocerás cuáles son esos regalos de cada mes, con los cuales podrás potenciarte y a su vez apoyarte en tu proceso de autorrealización y refinamiento interior. Este refinamiento interior no es otra cosa que el proceso mediante el cual lograrás hacer el trabajo correspondiente con el objetivo de manifestar la mejor versión de ti mismo y abrir esas puertas de felicidad que hasta hoy no estaban completamente dispuestas para ti.

Este libro tiene el firme propósito de apoyar al ser humano a mejorarse a sí mismo colocándolo por encima de las influencias astrológicas presentes en el cosmos, para de esta forma ayudarle a tomar el control verdadero de su propia vida, a partir de transformar su naturaleza egoísta (deseo de recibir solo para satisfacerse a sí mismo) en una naturaleza altruista (deseo de recibir para compartir con los demás).

Cada mes trae consigo una energía muy particular con la finalidad de que la persona logre alcanzar su perfeccionamiento como ser humano y su autorrealización, que a su vez está ligada de manera directa con el propósito y misión por el cual ha nacido.

Cada individuo está influenciado por la energía que encierra y dispone cada uno de los meses de la rueda zodiacal, incluso si no ha nacido en ese mes en particular. En este sentido, aunque la persona sea Sagitario, Cáncer, Libra o Géminis, será influenciada de forma directa por la energía del mes en curso, la cual está ahí solo con el objetivo último de apoyarlo en su crecimiento personal.

Al sumergirte en esta obra obtendrás un camino genuino que despertará tu capacidad, mes a mes, para ir tomando el control sobre las influencias astrológicas presentes en el cosmos y el conocimiento de cómo poder utilizarlas para tu beneficio y desarrollo personal.

Destino y libre albedrío

Toda la creación en general está constituida por dos estructuras fundamentales: la material o física y la espiritual o metafísica.

Moshe Luzzatto, en su obra, *El camino de Dios*, explicó que las estructuras físicas de la creación son aquellas que se pueden experimentar a través de los sentidos: vista, oído, olfato, gusto y tacto. Y también señaló que esta estructura física a su vez tiene dos partes, una superior y otra inferior.

La estructura superior incluye todos los cuerpos celestes o astros presentes en el cosmos, los cuales podemos divisar en el horizonte, como el Sol, la Luna, los planetas y las constelaciones estelares. La parte inferior de esta estructura física incluye todo aquello que se encuentra en las esferas más bajas, como los cuerpos físicos, la tierra, el aire, el agua, el fuego, los minerales y vegetales, así como todas las cosas que puedan ser detectadas y determinadas y que puedan contener estos.

Por otra parte, la estructura espiritual o metafísica de la creación está formada por todas las entidades o estructuras que no son físicas y que por tal motivo no pueden ser detectadas por los sentidos. Estas estructuras espirituales se dividen a su vez en dos categorías: almas y seres trascendentales.

Las almas consisten en una clase de estructuras espirituales creadas con el propósito de entrar en los cuerpos físicos. Estas se encuentran circunscritas a esos cuerpos físicos por fuertes límites, actuando sobre estos de varias maneras y en diferentes tiempos.

En cuanto a las estructuras trascendentales, son una clase de entidades espirituales las cuales no se asocian con cuerpo físico alguno, y están subdivididas en dos categorías llamadas las fuerzas y los ángeles. Estas estructuras o entidades existen asimismo en diversas categorías, y poseen leyes naturales relacionadas con su categoría y posición en el esquema jerárquico y general de la creación.

El estado del mundo deriva en consecuencia de estas altísimas fuerzas asociadas a las estructuras trascendentales, donde todo lo manifestado en el plano físico es el resultado de algo que ocurre entre estas fuerzas, y a su vez cada estructura y proceso físico está bajo la supervisión y responsabilidad de estas estructuras. Es por ello que el Talmud señala que hasta la más pequeña hierba del campo tiene un ángel que vela por su crecimiento, y no solamente supervisa su desarrollo, sino que le ordena crecer.

Partiendo de lo expuesto se puede concluir que todos los procesos y sucesos que ocurren en el mundo y en las vidas de las personas están bajo la influencia del determinismo, y cada evento manifestado aquí abajo es predestinado y sustentado por las fuerzas de allá arriba. Estas estructuras tienen como misión emanar su particular energía sobre las estructuras cosmofísicas, conocidas como los astros, con el único propósito de mantener orden y sostenibilidad en la creación.

Con esta premisa se podría afirmar que todo está predestinado y que el ser humano es como una especie de títere de los caprichos de estas influencias astrológicas. Pero esta aseveración está muy lejos de la realidad, ya que el ser humano cuenta con algo que no tiene ninguna otra criatura en toda la creación, que es el libre albedrío o la libertad de elección. Con este don el ser humano fue dotado con un especial poder para influir en su vida, en el mundo y en las criaturas que lo componen en cualquier forma.

Uniendo estos dos conceptos se puede decir que el mundo o la creación tiene dos influencias generales opuestas. La primera es el determinismo, conocido como destino, consecuencia de la posición de los cuerpos astrales y su influencia en el momento del nacimiento, mientras que la segunda es el resultado de la capacidad de elegir o libre albedrío que puede ejercer el ser humano en cada instante de su vida.

De todas las estructuras creadas en el mundo, el ser humano es la única que está formada por dos opuestos absolutos, que son el cuerpo, representado por el egoísmo (deseo y voluntad natural de recibir para satisfacerse a sí mismo), y el alma, representada por el altruismo (deseo y voluntad natural de recibir para compartir con otros sin esperar nada a cambio). Estos opuestos, presentes en el individuo, es algo que no se puede encontrar en ninguna otra criatura o estructura física o metafísica de la creación.

El cuerpo es el lugar donde se arraiga el ego y es la parte del ser humano donde las energías emitidas por los astros presentes en el cosmos influyen en la persona (determinismo); por otra parte, el alma es la parte del ser humano que tiene la capacidad de elevarse por encima de dicha influencia astrológica ejerciendo su libre albedrío para de esta manera romper con la influencia astral y pasar de ser un ente creado para transformarse en un cocreador, con la capacidad de reescribir su destino y el destino de la humanidad, manifestando la mejor versión de sí mismo.

La única manera que existe para romper con estas influencias astrológicas que supervisan el destino del mundo y el de las personas es con un trabajo interior que logre manifestar acciones altruistas en el mundo.

Las chispas de sabiduría contenidas en las páginas de este libro brindarán, por una parte, el conocimiento necesario para lograr entender las energías cósmicas o las influencias astrológicas contenidas en cada mes y la forma de aprovechar esas energías para el propio crecimiento personal y la autorrealización. Y por otra parte, como se ha mencionado, se podrán encontrar al final de cada capítulo las acciones recomendadas para lograr romper con dichas influencias astrológicas, y desde ese punto construir nuevas realidades que permitan a la persona tener y mantener una vida feliz, armoniosa, saludable y próspera.

A continuación se presenta una historia, la cual se remonta a hace más de dos mil años, donde se podrá apreciar como a través de las acciones altruistas, en donde la persona comienza a ocuparse de otros dando de sí de forma incondicional, es posible influir en el destino recreando un nuevo final que rompa con el determinismo (influencia astrológica) decretado desde el mismo momento del nacimiento.

La historia del gran sabio Akiba y su hija

Los más eruditos astrólogos de la época habían dicho a Akiba que, según la información de las estrellas su hija estaba destinada a morir en su noche de bodas. Esta premonición había sido fuente de un continuo dolor hasta que llegó el momento de la boda de su hija. El pesar y el temor predominaban esa noche mientras sus familiares y amigos esperaban que ocurriese lo inevitable. Pero al entrar su hija al salón de banquetes, se quitó el tocado y, para colgarlo, presionó el alfiler con el que lo llevaba sujeto a un muro separador, dispuesto en la pared, preparado para las damas. La noche siguió su curso sin que ocurriera ningún incidente y los invitados se retiraron con el corazón aliviado, diciendo que la «oscuridad» había sido burlada. Cuando la novia retiró su tocado del muro se dio cuenta de que el alfiler tenía una gota de sangre en la punta. Al investigar, encontró en el otro extremo del muro una serpiente muerta y con el ojo perforado por el alfiler que había presionado a través de la pared. Precisamente esa era la serpiente predestinada para arrebatarle la vida a la hija del gran sabio en su noche de bodas.

«¿Qué hiciste para cambiar tu destino?», le preguntó su padre, y ella respondió: «Realmente no lo sé». El gran sabio le volvió a preguntar: «¿Qué hiciste de especial ayer que tuvo la fuerza

de cambiar tu destino?». Y ella respondió: «Lo
único especial que me ocurrió ayer fue atender a
un pobre hombre que se acercó a la puerta por la
noche, durante la ceremonia y los festejos; como
todos estaban ocupados con el banquete y no
había nadie que lo atendiera, tomé la porción de
comida que me dieron y se la ofrecí a él, ya que
parecía muy hambriento».

«Has hecho una buena obra –dijo su padre– y te
has alejado de la muerte. No solo de una muerte
antinatural, sino de la muerte misma.»

Esta historia nos muestra como a la hija de este gran sabio se
le había predicho la muerte, a través de las herramientas de la
astrología, pero esta fue desviada al final por su propia acción
altruista. De manera que es cierto lo que una carta natal o mapa
astral puede «develar», pero también es verdad que está en las
manos de cada persona el lograr cambiar el rumbo de su destino a
través de sus pensamientos, sentimientos y, especialmente, a través
de acciones altruistas.

Haciendo un apropiado uso de la palabra y realizando
acciones de bondad que manifiesten la mejor versión de sí misma,
la persona puede tener la plena seguridad de que tendrá el
mundo a sus pies para moldearlo en pro de su beneficio, además
de convertirse en el verdadero creador de su propio destino. Por
ello en el Zohar se menciona en varias oportunidades la siguiente
frase: «A pesar de que los astros nos influyen, no nos obligan».

Está en las manos de cada persona dejar de ser una marioneta
de los astros o en que estos sean los únicos creadores de su propia
realidad y su propio destino.

Cuando se rompe el yugo limitativo del ego, la persona logra conectarse con el potencial de su alma y manifestar en su vida lo que todos conocemos como milagros.

Marzo. Transitando hacia la libertad

Signo o Mazal: Aries
Símbolo que lo representa: cordero
Período: marzo-abril
Nombre bíblico del mes: Nisán
Letra del alfabeto bíblico que lo representa: «H» (hei)
Elemento: fuego
Astro regente: Marte
Parte del cuerpo que lo representa: la cabeza
Tribu bíblica que lo representa: Yehudá
Piedra correspondiente para este mes: Brito o Aguamarina
Sentido: el habla
Órgano controlador: el pie derecho

Aries, conocido en las fuentes bíblicas como el mes de Nisán, es el primero de los doce meses del año astrológico y de la rueda zodiacal.

En el libro del Éxodo se menciona a Aries como: «El mes que será para ustedes el inicio de los meses; será para ustedes el primero de los meses del año» (Éxodo 12:2).

Con el mes de Aries da comienzo un nuevo ciclo astrológico. Las fuentes de la sabiduría legada por Adán se refieren a este mes con cuatro nombres diferentes, cada uno de los cuales abre una puerta para un entendimiento más profundo de la energía que este mes contiene:

1. «El primer mes», el mes de la redención, como aparece de forma explícita en el Talmud en el tratado de Rosh HaShaná 11A. El mundo fue creado con el propósito firme de que los seres humanos lo llenen de significado, lo cual solo podrá ser alcanzado emprendiendo el camino de la transformación, que va dirigida en manifestar la mejor versión de la persona. Este perfeccionamiento humano puede ser logrado únicamente través de una ardua labor de corrección, tanto a nivel individual como a nivel global. Es por ello que suele decirse que el mundo se mejora simplemente con mejorar a la persona, ya que las mejoras que ocurren en el mundo son el resultado de las mejoras que ocurrieron en el interior de las personas.

2. «Primavera». La primavera es la época particular del año en la cual los mensajes de renacimiento físico y espiritual se encuentran y florecen. Así como ocurre la renovación de manera física en la naturaleza, de la misma manera ocurre en el ser humano.

3. «Padre». Este mes se conoce como el padre de todos los meses. Por tradición los primeros doce días de este mes de Aries marcan el año zodiacal completo, es decir, que los doce primeros días del mes son decisivos y afectan los siguientes doce meses del año astrológico en curso, brindando a la persona la oportunidad de superar algo en particular.

Por ejemplo, el primer día de Aries se corresponde con el mes de Aries, el segundo día con Tauro, el tercer día con Géminis y así sucesivamente. Cada uno de estos doce primeros días del mes de Aries ayudará a tomar control de cada mes completo del año. Si la persona logra mantenerse proactiva, alegre, optimista, íntegra y con un deseo altruista, y vence sus instintos, emociones, pensamientos y actitudes reactivas o negativas durante estos primeros doce días, podrá tener la certeza que tendrá una mayor oportunidad de enfrentar los desafíos que se le presentarán en el transcurso del año. El secreto de estos doce días consiste en minimizar de alguna manera la conducta y naturaleza reactiva del ego. Cuando la persona se coloca por encima de la naturaleza instintiva y reactiva del ego, asciende a la dimensión donde se encuentra la materia prima para crear milagros cotidianos en su vida.

4. «Retoño». Se suele decir que este mes es un momento de comienzo y renovación.

¡Aries! El nombre en sí mismo sugiere una percepción de aires de frescura y renovación. En este mes la propia naturaleza experimenta una verdadera renovación. De la misma manera la naturaleza está sugiriendo de una forma clara y expresa que es un tiempo para que la persona se renueve a sí misma, al igual que ella se renueva; que es tiempo para mejorar e impactar al mundo manifestando una mejor y renovada versión de sí misma en todas las áreas de su vida, como en el área familiar, profesional o personal.

A través de la naturaleza, se muestra la importancia del rol de la renovación en lo que concierne al crecimiento personal y espiritual, ya que la naturaleza misma, a través de su regeneración y constante cambio, indica que cada persona tiene la obligación de renovarse y adaptarse a los nuevos tiempos y etapas de su vida y de su mundo.

Si la persona se detiene por un momento y observa a su alrededor, podrá encontrar un sinfín de ejemplos de renovación en todas partes. Las estaciones del año van y vienen, así como las mareas. Las flores brotan, florecen, mueren y vuelven a florecer; y un ejemplo claro se puede ver en la Luna y sus ciclos: cada mes hay una Luna nueva, que en el calendario bíblico sugiere la entrada de un nuevo mes astrológico, una Luna creciente, llena, que mengua y que se oculta.

Desde el principio mismo de la historia bíblica este mes ha sido sinónimo de una aspiración particular de redención y de esperanza. Cuando la persona se da el permiso de renovarse a sí misma, regresa a su estado original y puro en donde podía conectarse con todo su potencial y desde ahí construir los cimientos de la vida que siempre ha anhelado tener. Sin una creencia interna en la pureza y en su potencial, los intentos de renovación y superación personal, profesional y espiritual estarían condenados al fracaso.

La renovación constante es el milagro de la abundancia manifestada en el mundo físico, representado por el despertar de la naturaleza y el alimento que surge de la tierra. Uno de los secretos para alcanzar la renovación personal se encuentra en trabajar la cualidad de la humildad. Este don, al contrario de lo que la mayoría piensa, no es un complejo de inferioridad. Es hacer lo que es correcto, y aunque hacer lo correcto no siempre sea fácil, es lo que realmente le da satisfacción completa a la vida.

Por otra parte, humildad no significa falta de autoestima ni denigración de sí mismo. Es, en cambio, un reconocimiento de que hay cosas más importantes en el mundo que los propios deseos y necesidades. Ser humilde es tener perspectiva. Por muy talentosa y capaz que sea una determinada persona, esta debe ser consciente de que solo es una pequeña parte de este gran universo.

El humilde se da cuenta de que el servir a otros es infinitamente más valioso que el servirse a sí mismo. Mientras más humilde sea la persona, mejor líder será, ya que una persona humilde no está interesada en su propio honor, poder y grandeza, sino en servir a quienes está guiando.

Según la tradición en este mes Dios habló al patriarca Abrahán. Este acercamiento de Dios hizo que Abrahán fuera más humilde, ya que mientras más evidencia física veía del amor incondicional y del poder creativo de Dios, más humilde se sentía. Es por ello que durante este tiempo de Aries, Abrahán eligió eliminar todo lo «inflado o superfluo» que había en su vida, lo cual vendría a representar el excesivo inflamiento que en general padece el ego. Esta restricción voluntaria incluyó toda la comida fermentada, así como los alimentos procedentes de los cinco cereales principales, que son trigo, cebada, espelta, avena y centeno. De esta forma, Abrahán se aferró a su reconocimiento del significado de la renovación y de dónde proviene, ya que de manera voluntaria, y en especial con sus acciones de dar incondicionalmente, este buscaba potenciar su naturaleza altruista para cada día acercarse más al Creador imitando su naturaleza dadora. Por esta razón es recomendable que en este mes de Aries las personas eliminen todo lo inflado de su vida, que va desde su dieta hasta sus rasgos de personalidad, y así conscientemente realizar acciones en su mundo exterior que causarán un beneficio directo en su mundo interior, y a su vez les permitirá elevar su realidad externa ensalzando consecuentemente su nivel de vida.

La energía de este mes trae consigo un beneficio único, pues en este mes se abre un portal cósmico el cual brinda a la persona la oportunidad de liberarse de la esclavitud que su propio ego pueda estar ejerciendo sobre ella.

El ego esclaviza al alma de muchas maneras; a través de las drogas y las adicciones, las emociones negativas como el rencor y la envidia, la comida en exceso, el cigarrillo, el sexo desequilibrado, el estudio para obtener reconocimiento, el dinero, el trabajo excesivo, la pereza, la tristeza, etc.

Y mientras se esté bajo el yugo del ego, o ese deseo total de recibir para sí mismo, todos los males y tribulaciones que se puedan experimentar a lo largo de la vida, la persona lo llamará destino, ya que en estas condiciones de opresión, esta se encuentra segada bajo una realidad ilusoria que le imposibilita ejercer su libre albedrío, y sin la libertad de ejercerlo solo podrá ser una víctima de las circunstancias que se presentan es su vida.

La palabra Nisán, nombre bíblico del mes, contiene la palabra *nes*, que en el lenguaje usado por Adán quiere decir «milagro». Este es un mes en donde la energía para manifestar milagros está disponible en el cosmos para ser revelada en el mundo físico. Así como en la historia bíblica se relata que en este mes el pueblo elegido salió de la esclavitud de Egipto, así también en este mes el alma del ser humano cuenta con el apoyo cósmico necesario para salir de la esclavitud a la cual la pueda tener sometida su propio ego. Tradicionalmente, es necesario leer la Biblia desde una perspectiva profunda, y no como un conjunto de historias y cuentos de un pueblo (algo totalmente externo a la persona), sino que el individuo debe verse reflejado en cada uno de esos relatos y ser consciente de que esas historias se están repitiendo en el interior de las personas cada día de sus vidas.

Partiendo de esta enseñanza se puede desvelar que el relato bíblico del libro del Éxodo no se estaba refiriendo solamente a un pueblo llamado Israel que se libera del yugo de otro llamado Egipto, sino que en la parte más profunda, se está refiriendo a la liberación del alma (representada por el pueblo de Israel) de la esclavitud del ego (representado por el de Egipto).

Durante este mes la persona debe procurar potenciar su alma conectándose con el altruismo, para que así, esta pueda tener la fuerza necesaria para liberarse de todas las ataduras a las cuales las pudiera tener sometida su propio ego, y esto también le podrá permitir sobrepasar cualquier tipo de barreras que estén limitando su experiencia de vida. Solo cuando el alma logra expresarse libremente, es cuando la persona comienza a experimentar la prosperidad, la salud, la paz, la abundancia, el amor verdadero y la buena fortuna.

Este mes brinda la grandiosa oportunidad de dejar atrás los bloqueos personales, por grandes que sean, que hasta ahora han impedido alcanzar la libertad verdadera en cualquier área de su vida. Estos bloqueos pueden manifestarse, bien sea como programaciones o paradigmas o como rasgos limitativos o negativos de la personalidad que empujan a comportarse de cierta manera, con el único fin de conseguir el aprecio, la admiración o la aceptación de las personas que la rodean.

Esas especiales condiciones cósmicas que permitieron a ese pueblo elegido, representado por la propia alma del ser humano, pasar de la esclavitud de Egipto (ego) a la libertad se revelan nuevamente en cada mes astrológico de Aries.

Es muy importante señalar que la salida del pueblo de Israel de Egipto no abrió este portal cósmico cargado de esta potente energía de liberación, sino que desde el mismo momento de la creación del mundo, este mes está impregnado con esa energía, y como Moisés era conocedor de la sabiduría legada por Adán, solo aprovechó este saber para llevar a cabo el éxodo de Egipto.

La pregunta que surge ahora es: ¿Cómo en la actualidad una persona puede pasar de la esclavitud o de un estado lleno de limitaciones en cuanto a la prosperidad, la salud, el amor, la paz interior y exterior, a un estado de libertad plena como lo hizo el pueblo elegido en la historia bíblica? Lo primero que puede venir a la mente es que se desconocen los secretos para manifestar esos milagros que acompañaron a ese pueblo y le permitieron, en ese particular momento de la historia, salir de la esclavitud a la libertad, de la miseria a la riqueza, de la enfermedad a la salud completa.

La respuesta es que para manifestar milagros, partiendo de la premisa de que un milagro es un suceso sobrenatural, es decir, algo que está por encima de las leyes naturales, la persona debe hacer algo sobrenatural para de esta manera poder acceder a la dimensión en la cual lo sobrenatural o el milagro es la regla o lo cotidiano, y esto se consigue cuando la persona logra colocarse por encima de su naturaleza instintiva, reactiva y egocéntrica de su ego sobreponiendo una segunda naturaleza. Una segunda naturaleza donde la proactividad y el altruismo sean su esencia;

esta naturaleza no es otra que la de la propia alma, la cual busca que el bien y el beneficio global estén por encima del propio. En donde el deseo de recibir para compartir con otros y ese dar incondicional (dar sin esperar ninguna recompensa) esté por encima del deseo de recibir para satisfacerse solo a sí misma o lo que se conoce como egoísmo.

Lo natural es que la persona se deje manejar por su naturaleza instintiva, la cual es la naturaleza gobernada por su ego, pero cuando logra elevarse por encima de esta naturaleza instintiva y reactiva para conectarse con la naturaleza altruista y proactiva del alma, se está colocando por encima de las leyes naturales haciendo así un acto sobrenatural, y el cosmos, viendo este acto sobrenatural o milagroso, le corresponderá de la misma forma permitiéndole estar también por encima de las leyes naturales por las cuales se rige este mundo físico.

Al conectarse con su naturaleza altruista, la persona entra en una zona espiritual donde lo que se conoce como milagros, es la regla y no la excepción. Es algo totalmente opuesto a la realidad que vive la humanidad, donde los milagros son acontecimientos esporádicos que solo le ocurren a personas especiales.

La energía disponible en este mes de Aries es propicia para impulsar a la persona a que tome conciencia de que todo lo que sucede en su vida son solo los efectos de sus propias acciones, sentimientos, pensamientos y creencias.

Al igual que este mes despierta una nueva estación en la naturaleza, la persona tiene también la capacidad para despertar y darse cuenta de que todas las circunstancias o «problemas» que le ocurren en su vida tienen un único origen o causa, el cual generalmente es ella misma. Sí, es así de simple y directo: la persona misma es la generadora de todo lo que le ocurre en su vida. Todas las miserias, enfermedades, conflictos, problemas o, muy por el contrario, toda la prosperidad, felicidad, salud y amor que pueda experimentar es debido a que de una forma u otra ella misma la origina, sea consciente o inconscientemente.

Y ¿cómo puede la persona ser capaz de originar los eventos de su vida? Muy sencillo, a través de lo que crea, piense, sienta, diga o haga en cada instante de su existencia.

Signo-Mazal: Aries - cordero

El signo astral de Aries es el cordero. Los corderos andan en rebaño, siguiendo fielmente al pastor. Ser un seguidor es, en ocasiones, una elección madura y no un fracaso pasivo. El cordero simboliza la unidad de una colectividad, debido a que en un mismo rebaño de ovejas cada una de ellas tiene el mismo valor, y a su vez ellas entre sí se identifican como únicas y distintas.

Astro regente: Marte

Aries está gobernado por el planeta Marte, el planeta de la guerra, lo cual permite a la persona librar una guerra en contra todos los conflictos que existan en su propia vida. Esta influencia ayuda a infundir la fuerza que requiere la persona para afrontar y batallar con sus propios conflictos; la batalla entre su naturaleza egoísta representada por ese deseo que se tiene de recibir para satisfacerse solo a sí mismo sin importarle quien pueda salir dañado por complacer sus deseos, y su potencial naturaleza altruista, representada por el deseo de recibir para compartir con los demás.

Sentido: el habla

«Has tropezado con las palabras que salieron de tu boca, en ese caso, has quedado preso de las palabras que salieron de tu boca.» (Proverbios 6: 2).

Una de las cosas que más pueden disminuir o potenciar a una persona son las palabras que salen de su boca.

El alma tiene tres vestimentas, que son a su vez su forma de expresión. El habla es una de estas tres formas con las cuales el alma se viste para al final expresarse en este mundo físico. En el lenguaje de Adán, la raíz etimológica de la palabra *hablar* se relaciona directamente con la palabra *liderar*, por lo que el sentido del habla es en esencia la capacidad y habilidad de liderar con la cual un líder ejerce su liderazgo; aquí es importante saber que cada persona es un mundo, y el líder o gobernante de su mundo es ella misma. Por tanto, todo lo que la persona pronuncie, haga, sienta o piense son como especies de decretos o leyes con los cuales se regirá su propia vida.

Una de las diferencias más relevantes que pueden existir entre los seres humanos y los animales está en el poder que se le otorgó al hombre a través del habla.

El sentido del habla implica la habilidad de expresar a otro los pensamientos e ideas más profundas. En general, todas las formas de expresión son llamadas «habla».

Cuando las palabras salen del corazón del que habla, entran directamente al corazón del que escucha y son aceptadas y consideradas. La clave de la comunicación eficaz es la sinceridad y la obtenemos cuando el habla y el corazón son lo mismo.

Espiritualmente el habla tiene una asociación directa con las relaciones de pareja, ya que cuando una persona sufre por causa de su relación de pareja, indica que esa persona tiene una oportunidad de corrección en el sentido del alma que corresponde al habla, y de esta manera es perfeccionada en esta encarnación, medida por medida, por medio de su pareja, que también corresponde al nivel del habla. Por tanto, al hacer esfuerzos constantes en rectificar el habla, este trabajo influirá directa y positivamente en la relación de pareja y en especial en las maritales, otorgando así a la pareja una relación armoniosa, satisfactoria y feliz.

Este mundo físico es llamado frecuentemente «el mundo de la palabra» y durante mucho tiempo estuvo basado fundamentalmente en la comunicación verbal, pues era así que se podían crear vínculos entre las personas. En la actualidad también se puede añadir un elemento muy influyente en el mundo, tanto o más que las propias palabras, y es el uso de Internet.

Internet es una poderosa y moderna herramienta con la cual es posible crear vínculos entre las personas, sin importar la distancia ni el lenguaje. La comunicación verbal es efectuada por medio del habla, y mientras que las palabras que salgan de la boca lleven consigo un significado de pureza y de construcción, la persona puede estar convencida de que cuando la creación absorba esas palabras (ya que toda palabra pronunciada es absorbida por la creación de una u otra forma) dará la vuelta a espacios con una carga energética positiva que permita poder alcanzar un desarrollo armonioso y pleno.

El rey Salomón dijo una vez: «La lengua [refiriéndose al habla] es más poderosa que la espada ya que la espada únicamente mata a quien está cerca, en cambio la lengua puede matar a alguien aunque esté lejos».

Si el individuo utiliza el don de su palabra para mal poner a otros, este comienza, sin darse cuenta, a destruir su propio mundo y, atención, cuando hablamos del propio mundo de cada persona, no nos estamos refiriendo únicamente al planeta como tal, sino que nos referimos al mundo que se conforma alrededor de la persona, y que lo forman la familia, el lugar de trabajo, en otras palabras, todo el mundo exterior. El Talmud y las enseñanzas orales de la sabiduría bíblica señalan que cada persona es considerada un mundo y cuando se salva una vida es como si se hubiera salvado al mundo entero».

El habla representa la conclusión de todo el proceso del pensamiento, y es a su vez el inicio de nuevos pensamientos. Al cuidar su manera de hablar, la persona puede rectificar sus pensamientos, que al final se convertirán en palabras a través del mismo acto de hablar. Siempre debe buscar la manera de que las palabras que salen de su boca sean solo para potenciar, construir o mejorar, ya que el propósito último del habla es simplemente manifestar amor. El habla consiste en el uso de palabras, las palabras son energía y cada palabra tiene la capacidad de influir y mejorar, tanto el resultado de una vida, como el destino del mundo.

Detrás de su habla el ser humano esconde un potencial ilimitado y creativo con el cual puede crear realidades en su vida y en su mundo. El uso del habla para quejarse, para comprometerse sin posibilidades de poder cumplir lo prometido o para hablar mal de otros, o peor aun, de sí mismo, limita el poder creativo de la persona, con lo cual estará sujeta a la creación de otros y en ninguno de los casos a su propia creación.

Con este poder limitado, el de la palabra, a la persona se le hace muy difícil forjar el destino con el cual siempre ha soñado. Solo cuando comienza a honrar su palabra, es cuando logra recobrar el control verdadero de su vida, de su destino y parte de su poder creativo.

Existen tres acciones muy concretas que la persona puede poner en práctica para empezar a recobrar el poder creativo de su palabra, el cual la llevara hacia ese ascenso espiritual que le permitirá elevarse por encima de toda influencia astrológica e ir creando y diseñando su propio destino.

1) Comenzar a honrar sus compromisos.
2) Evitar hablar mal de otros o de sí mismo.
3) Dejar de quejarse, ya que una queja solo reforzará la posición en la cual se encuentra y traerá más tribulaciones y sufrimientos a su vida; además de ser el repelente por excelencia para alejar la buena fortuna y los milagros.

Solo cuando se comienza a usar la palabra para agradecer por lo bueno y por lo que se cree que no lo es, es cuando la persona podrá elevarse por encima de cualquier contratiempo, problema, enfermedad o tribulación que se le presente en su vida.

La siguiente historia puede dar una idea de la gravedad de utilizar el sentido de la palabra para hablar mal o negativamente, bien sea de algo o de otros, y cómo sin darse cuenta la persona puede estar perjudicando a otros y en especial a sí misma, ya que lo que se da es lo único que se recibe.

El Jafetz Jaim (Israel Meir Kagan, 1838-1933) y otro sabio partieron en una ocasión en un viaje de tres días para ocuparse de las necesidades espirituales de un pueblo en algún lugar de Polonia. En el camino se detuvieron en una posada en la cual les prepararon una mesa especial, porque la dueña del restaurante reconoció a los prestigiosos rabinos. Ella se preocupó de que los atendieran de inmediato y cuando terminaron de comer se acercó y les preguntó:

—¿Qué les ha parecido mi comida?

—Muy buena —dijo El Jafetz Jaim—. Realmente estaba excelente.

—Oh, estaba bastante bien —dijo el otro sabio—, pero yo le hubiera agregado un poquito más de sal.

Mientras la mujer se alejaba, El Jafetz Jaim palideció y exclamó:

—¡No puedo creerlo! ¡Toda mi vida evité hablar o escuchar palabras negativas y ahora Dios me hizo viajar con usted y tengo que sufrir oyéndolo hablar mal! Lamento haber viajado con usted y estoy seguro de que el propósito de nuestro viaje no es puramente debido a una necesidad espiritual. De otra manera esto no me habría ocurrido.

Al ver la reacción El Jafetz Jaim, su compañero se asustó.

—¿Qué he dicho que fuera tan terrible? ¡Dije que la comida estaba rica y solo agregué que necesitaba un poquito más de sal!

—¡Usted no comprende el poder de las palabras! —exclamó El Jafetz Jaim—. Probablemente

31

esta mujer no cocina por sí misma. Su cocinera puede ser una viuda pobre que necesita este trabajo para mantener a su familia. Ahora, debido a lo que usted ha dicho, la propietaria irá a la cocina y se quejará a la cocinera porque la comida no tenía suficiente sal. Para defenderse la pobre viuda dirá: «Por supuesto que le pongo suficiente sal a la comida. Incluso la pruebo antes de servirla».

»La dueña la acusará de mentir y le dirá: "¿Acaso quieres decir que estos sabios espirituales son mentirosos?". Ellas comenzarán a discutir, palabras fuertes darán lugar a palabras aún más fuertes y la dueña del restaurante se enojará tanto que terminará despidiendo a la pobre cocinera. En consecuencia la mujer se quedará sin trabajo y sin ingresos. Mire cuántas transgresiones ha provocado: (1) Usted habló usando palabras cargadas de negatividad; (2) Usted provocó que la dueña del restaurante y yo escucháramos palabras cargadas de negatividad; (3) Usted provocó que la dueña repitiera las palabras cargadas negatividad que usted dijo y eso constituye una gran transgresión espiritual; (4) Usted provocó que la cocinera mintiera; (5) Por su culpa la propietaria del restaurante provocó dolor a una viuda, y (6) Usted provocó una pelea, lo cual es otra violación a las leyes bíblicas y espirituales.

El sabio sonrió al Jafetz Jaim y dijo suave y respetuosamente:

—Maestro Israel Meir, por favor, está exagerando. Unas simples palabras no pueden provocar tanto daño.

—Si eso es lo que usted piensa, vayamos a la cocina para comprobarlo por nosotros mismos —dijo El Jafetz Jaim poniéndose de pie.

Al abrir la puerta de la cocina vieron que efectivamente la dueña del restaurante estaba reprendiendo a la cocinera y que la pobre mujer secaba las lágrimas de sus ojos. Cuando el sabio vio lo que estaba ocurriendo palideció y corrió hacia la cocinera, pidiéndole perdón y disculpándose por cualquier daño o dolor que le hubiera provocado. También le suplicó a la propietaria que lo perdonara y que olvidara todo el incidente y que le permitiera a la mujer seguir trabajando. Incluso le ofreció pagarle para que no despidiera a la cocinera.

La propietaria era una mujer muy buena y ella también deseaba cumplir con el pedido del sabio.

—Por supuesto, por supuesto —le dijo enseguida—. Mi única intención era que ella comprendiera que debe ser más cuidadosa. Es una buena cocinera y continuará trabajando aquí.

The Maggid Speaks, pág. 59

¡Imagina qué hubiera sucedido si el acompañante del Jafetz Jaim hubiese alabado a la cocinera por su sopa! Piensa qué hubiera pasado si él hubiese dicho: «¡Por favor, agradézcale a la cocinera por la mejor sopa que he comido durante toda la semana!». Ese es el poder que tienen las palabras, un poder que puede ser empleado para construir o para destruir. Recuerda siempre usarlo de forma positiva, como puede ser para amar, alabar, agradecer, informar o construir, y que el habla es lo que nos describe como humanos y la forma cómo hablamos describe el tipo de seres humanos que somos.

Se dice que el mundo fue creado con la palabra (Génesis 1:3), esto quiere decir que la palabra tiene un poder creativo y que constantemente la persona está creando y manteniendo su mundo a través de su palabra, de ahí la importancia de darle el debido uso. Un uso donde el norte siempre sea construir, sumar, potenciar y mejorar a otros y a sí mismo.

En el mes de Aries ocurrió el comienzo de la creación, mientras que en Libra sucedió su concepción; por ello el ciclo astrológico, asociado de forma directa con los meses, empieza en Aries; y el ciclo anual, relacionado con el conteo de los años se inicia con el mes de Libra.

El «hablar correctamente» es el verdadero comienzo del crecimiento espiritual, ya que a través del habla se pueden canalizar hacia el mundo exterior los más sublimes y elevados pensamientos, que una vez manifestados a través de emociones y acciones, tienen el poder de construir, mejorar y elevar; tanto a sí mismo como a aquella cosa o persona a la cual sean dirigidas las palabras.

Por otra parte, la persona debe procurar que sus palabras estén siempre asociadas con el agradecimiento, ya que al detener las quejas es cuando realmente existe una verdadera apertura para recibir todo lo bueno que la creación guarda para el ser humano, y la mejor manera para salir de una situación o recibir algo de lo que se carece es a través del agradecimiento por esa misma situación y carencia.

La fe y la determinación del ser humano dependen del habla, ya que con las palabras que manifiesta al hablar, está en cierta manera creando realidades. Las afirmaciones o decretos manifiestan realidades físicas en la vida de las personas.

Órgano controlador: el pie derecho

Así como *hablar* significa «liderar», el ser humano camina con los pies. En el aspecto místico de las cosas, cuando estas presentan una dualidad como en el caso de los pies o de los brazos, el derecho siempre va a representar el lado más espiritual, el cual está íntimamente conectado con la capacidad de dar del individuo, con el altruismo y con el servicio o la colaboración que se le pueda prestar otros.

El pie derecho representa el pie de la verdad y el de la confianza, y dirige y controla el sentido del habla. También simboliza la capacidad de avanzar en la vida, la responsabilidad que tiene todo ser humano para desarrollarse y saber que por más alto o por más mejoras que pueda alcanzar, siempre podrá ascender a un próximo nivel. Significa, asimismo, la capacidad necesaria para creer y saber que se puede avanzar constantemente en el caminar por la vida; pero por otra parte, representa el comienzo, ya que recuerda que un buen comienzo garantiza generalmente un buen final. De ahí deriva el dicho popular de «Comenzar con el pie derecho» o el opuesto «Levantarse con el pie izquierdo», para indicar mala fortuna.

Trabajo de perfeccionamiento interior para el mes de Aries

- Esfuérzate en utilizar el don de tu palabra para agradecer por todo lo que ocurre en tu vida, por lo que crees bueno y por lo que crees que no lo es, ya que la única forma de recibir soluciones a tus carencias y limitaciones está en el agradecimiento por esas mismas carencias o limitaciones.
- Construye puentes con los demás y crea vínculos armoniosos. Es tiempo de reconciliación contigo mismo y con los demás.
- Céntrate en terminar las cosas. No dejes nada inconcluso. No dejes para mañana lo que puedas hacer hoy.
- Recuerda el pasado para evitar repetir errores; pero a su vez suéltalo sanando lo que corresponda para así no traerlo de vuelta.
- Disminuye la parte negativa de tu ego colocándote por encima de su naturaleza reactiva, sé proactivo e inteligente emocionalmente, y recuerda que solo estás aquí para autorrealizarte cumpliendo tus metas y sirviendo a otros.

- Identifícate con los demás.
- Es el momento propicio de terminar con el síndrome del «yo, yo, yo». Acaba con ese egocentrismo absurdo que no nos permite manifestar nuestro verdadero ser interior.
- Evita conflictos.
- Utiliza tu coraje y tu tendencia a vencer para ponerlo al servicio de causas altruistas, y con esta acción lograrás disminuir la parte negativa de tu ego.
- Avanza, no te detengas. Procura mejorar cada día. Recuerda que para alcanzar algo que jamás has alcanzado, debes hacer algo que jamás hayas hecho.
- Es tiempo de corrección de nuestra forma de expresión a través de la palabra.
- Trabaja tu humildad.
- Paga tus deudas atrasadas.
- Renegocia cada promesa o contrato pendiente de tu pasado que no hayas cumplido.
- Trabaja tu paciencia.
- Tercera semana del mes de Aries: es necesario hacer esfuerzos para conectarnos con la bondad que llevamos dentro, y realizar una apertura total de nuestro corazón hacia los otros, y en especial hacia nosotros mismos. La palabra clave es «entrega» y la acción física se centra en el «dar», pero no cualquier dar, sino un dar con la intención de no esperar nada a cambio. Nosotros materializamos nuestro amor y buenos deseos hacia otros con actos cargados de bondad y sobre todo de entrega. Cuando entregamos parte de nosotros a los demás, bien sea en tiempo o en actos cargados de amor, no solo estamos transmitiendo un mensaje de aprecio, sino que estamos dándonos la oportunidad de ver en acción nuestro yo más elevado, con lo cual logramos hacer esa conexión con nuestra naturaleza altruista, que a su vez nos permitirá elevarnos por encima de cualquier influencia astral.
- Cuarta semana del mes de Aries: Hay que tratar hacer una conexión con la disciplina, ya que sin ella es imposible

lograr nada en la vida. La disciplina es un ingrediente fundamental para alcanzar el éxito en la vida. La palabra clave es «restricción», con la cual podremos obtener «control» sobre nosotros mismos y sobre nuestro propio destino.

La energía sanadora de Iyar

La comodidad verdadera y auténtica proviene de la disposición a estar incómodo. Esfuérzate en ver la oportunidad en cada desafío.

Abril. Sanando y refinando

Signo o Mazal: Tauro
Símbolo que lo representa: toro
Período: abril-mayo
Nombre bíblico del mes: Iyar
Letra del alfabeto bíblico que lo representa: «V» (vav)
Elemento: tierra
Astro regente: Venus
Parte del cuerpo que lo representa: el cuello
Tribu bíblica que lo representa: Isajar
Piedra correspondiente para este mes: Zafiro
Sentido: el pensamiento
Órgano controlador: el riñón derecho

Tauro es un mes intermedio, que se encuentra entre el renacimiento que experimentó la persona en el mes de Aries y la nueva madurez que alcanzará en Géminis. La energía que infunde este mes brinda la capacidad de convertir lo amargo en dulce y la enfermedad en salud, por ello es llamado el mes de la sanación.

La energía cósmica presente en este mes apoya a la persona en su labor de realizar transformaciones trascendentales para el beneficio de su propia vida. Estas transformaciones van a ir de lo que ya no desea para su vida a lo que sí desea.

La Biblia se refiere a este como el segundo mes y lo llama el mes del brillo, ya que *Iyar* en lenguaje bíblico quiere decir «brillo», tal como está escrito en Números 9:11, y es llamado el mes del brillo y resplandor (1 Reyes 6:3); por tradición Tauro también es conocido como el mes de la curación o sanación dado que *Iyar* viene a significar el acróstico de la expresión «Yo soy Dios tu Curador», la cual se encuentra en el libro del Éxodo 15:26. Por otra parte, el valor numérico de la palabra *aruj*, que significa «remedio», es el mismo valor numérico del vocablo *Iyar*; por consiguiente, este mes es un tiempo que está relacionado con el antídoto a cualquier enfermedad mental, emocional o física que pueda padecer la persona.

El mes de Tauro es un tiempo propicio para la curación o la sanación. Aprovechando la energía presente y disponible, la persona puede sanarse a sí misma, y transformarse al mismo tiempo en un canal de sanación para otros. En este mes la persona debe enfocarse en la sanación del cuerpo físico (enfermedades), de los sentimientos (emociones), de la mente (pensamientos) y del espíritu (programaciones, mapas mentales, paradigmas o creencias).

Por una parte, es momento para dejar de lado todo aquello que no ayuda o no contribuye al individuo a ser mejor persona; y por otra, es tiempo de abrirse completamente a lo que sí lo hace, ya que en todo momento la búsqueda y razón de vivir de la persona debe estar girando en torno a manifestar la mejor versión de sí misma, y esto solo es posible eliminando desde los rasgos de la personalidad incapaces de mostrar amor, paz y armonía, hasta las actividades que de una u otra forma puedan obstaculizar estas manifestaciones de luz y afecto.

Este mes la persona recibe una inspiración especial para hacer de su propio ser un templo donde pueda habitar la luz, esto es, todo lo bueno y positivo que existió, existe y puede existir en el mundo, como la prosperidad, la salud, la paz, el amor puro e incondicional, la felicidad plena, las buenas relaciones, el éxito, etc.

El trabajo se centra en la búsqueda de la verdad y del perfeccionamiento o rectificación del pensamiento a través de la acción. El ser humano vive en un mundo físico y es de suma importancia que comprenda que para hacer que las cosas cambien u ocurran es necesario acompañar las decisiones con acciones concretas que impacten en el mundo físico en el cual este se desarrolla. El pensar distinto puede ser considerado una acción, pero es notorio con mucha frecuencia que las personas lo dejan todo en ese nivel de pensamiento y se olvidan de tomar acción, pretendiendo así que las cosas cambien para mejor. Parece descabellado creer que las cosas van a cambiar con solo pensarlo, olvidando por completo la acción o la manera de conducirse en la vida; pero esta práctica está muy de moda en la actualidad, en donde las personas creen que pueden mejorar y atraer todo lo que desean para su vida solo con pensarlo, utilizando a medias la llamada «ley de atracción». La persona debe recordar que vive en el mundo de la acción y si quiere que algo mejore en su vida lo debe hacer actuando y manifestando una conducta que vaya en pro de eso que quiere lograr o mejorar. La intención es muy importante, pero sin acción no es determinante.

En tal sentido, es de suma importancia comprender que si se desea atraer una pareja amorosa o paciente, se deberá practicar y manifestar ese amor y esa paciencia con acciones, ya que de lo contrario, esa presunta pareja se percatará de que entre todas sus opciones no está presente esa persona amorosa y paciente que quiere para compartir su vida. Es necesario entender que en el nivel de las relaciones, sean estas con otras personas, con el dinero o inclusive con la luz, solo los polos iguales se atraen. Si se es una persona paciente y/o amorosa, atraerá personas pacientes y/o amorosas, de lo contrario es imposible.

El Talmud afirma: «Es tan difícil la salud para el hombre como el cruce del mar Rojo». Se refiere a que la energía milagrosa que se manifestó hace más de 3.450 años para separar las aguas del mar Rojo y permitir cruzarlo al pueblo de Israel (y a otros pueblos también esclavizados por el faraón) cuando este escapaba de los egipcios, es la misma energía que se requiere cada día para mantener al ser humano con una salud perfecta.

Con el propósito de que la sanación se manifieste en la vida de la persona se requiere fomentar una especial conexión con la parte más elevada y altruista de su ser, la cual puede ser posible mediante la meditación y la manifestación de buenos pensamientos, sentimientos y acciones. A través de estos mecanismos la persona puede lograr abrirse a que la curación completa tome lugar en su vida; pero el ingrediente imprescindible para que pueda alcanzar una sanación completa gira en torno al perdón. Cuando logra tener paz interior, esta paz se manifiesta en todas las áreas de su vida, ya que la enfermedad es simplemente una falta de paz.

Tauro es un tiempo que permite dar pasos importantes y progresivos en cuanto al crecimiento personal, profesional y espiritual se refiere. Es un mes de superación que tiene la bondad de preparar física, emocional, mental y espiritualmente a la persona para la liberación completa de toda forma de miserias, caos, muerte o finales negativos en cualquier área de su vida.

Por otra parte, existe una particular energía que puede llenar a la persona de una fuerza capaz de poder mantener lo alcanzado, es decir, que si ya ha alcanzado salud o prosperidad, en este mes se presenta una oportunidad de fortalecer lo conquistado en el pasado y mantenerlo en el tiempo.

Durante este mes la «realidad inferior», compuesta, por un lado, por acciones, emociones y pensamientos pasados del individuo, y por otro, por los rasgos de su personalidad, son refinados poco a poco a través de un camino de autoperfeccionamiento, que tiene el propósito de transformar a la persona en una vasija capaz de recibir la esencia de la «realidad superior», carente de toda dualidad y carencias.

En el mes de Tauro, el ser humano comienza a transitar un camino de rectificación interior, la cual se centra particularmente en su parte animal o egocéntrica. Es un tiempo propicio para refinar los rasgos del carácter innato o instintivo relacionados directamente con esa naturaleza reactiva e instintiva del ego, la cual es la causante de los bloqueos y momentos carentes de felicidad o satisfacción duradera que pudiera experimentar la persona en un instante determinado de su vida, en cuanto a la salud, la prosperidad, la paz interior, las relaciones personales, etc.

Tauro es el mes de la introspección, tiempo del autoanálisis en busca de la superación personal.

Durante este tiempo se debe recordar que no es una opción conectarse con deseos egoístas en lo que al trabajo y progreso espiritual se refiere. La persona debe hacer esfuerzos en buscar su transformación espiritual desde el altruismo, en donde su norte sea el de recibir para compartir, ya que un ser realmente espiritual es aquel que comparte con otros ocupándose de los demás y llevando a cabo acciones positivas.

El mensaje que trae el mes de Tauro es que nunca es demasiado tarde. No importa en qué situación se encuentre la persona, cuán bajo haya caído, cuán impuro se pueda sentir o cuán lejos de su objetivo de vida se encuentre, esta siempre puede rectificar y comenzar de nuevo.

Signo - Mazal: Tauro - toro

El signo astral de Tauro es el toro. Los toros llegan a las cimas desde lo más bajo, pero tienen que trabajar para lograrlo, arar hasta que salgan frutos.

El toro simboliza la individualidad, puesto que la principal característica del toro es que desea vivir aislado, y la extrema devoción a la verdad es el requisito para la madurez. Es por ello que Tauro está designado como el mes de la introspección y reconciliación donde la persona se prepara para recibir los códigos y las reglas que le permitan elevarse emocional y espiritualmente restringiendo su voluntad egoísta, para lograr así elevarse por encima de la influencia astrológica.

Astro regente: Venus

El mes de Tauro está gobernado por el planeta Venus, que está interrelacionado de manera directa con la emotividad del alma en la persona, y así se explica la relación con la introspección del pensamiento del individuo durante este mes. Venus presenta un movimiento excepcional, ya que se mueve de izquierda a derecha.

Desde un punto de vista espiritual este movimiento expresa una trayectoria que va del juicio a la misericordia, pues en la dimensión espiritual la derecha representa el dar y la misericordia y la izquierda el recibir y el juicio. Este mes brinda la oportunidad de esclarecer cosas que hasta hoy permanecían ocultas.

Por tradición Tauro está relacionado con la línea recta de la verdad, y simboliza un puente entre la renovación personal alcanzada en Aries y el perfeccionamiento personal que se alcanzará en Géminis. La verdad junto con la cualidad del pensamiento y la introspección del mes permiten a la persona liberarse de todo pensamiento negativo que perturbe su mente y empañe su caminar por los senderos de la superación personal. Tauro también simboliza el entendimiento y el poder de revelar lo secreto; pero para que el conocimiento oculto pueda ser revelado por el individuo es indispensable que esté conectado con una profunda sensibilidad y nobleza de sus sentimientos.

Sentido: el pensamiento

El pensar, en un contexto místico y espiritual, está relacionado directamente con la introspección o autoanálisis que puede desarrollarse en el interior del ser humano cuando este, desde el ahora, mira hacia atrás y se autoexamina, para luego mirar hacia adelante con el firme propósito de mejorar. El pensamiento es energía pura que se encuentra en un estado potencial preparándose para manifestarse en nuestro mundo físico.

Los grandes filósofos y místicos de la historia daban al pensamiento un valor incalculable, ya que este, junto a la acción de visualizar, tiene la fuerza suficiente para manifestar nuevas realidades, y la calidad de estas va a depender de una forma directa y proporcional de la calidad de los pensamientos con los cuales la persona elija sembrar en el campo fértil de su mente.

La mente, así, es comparada a un campo fértil. Todo pensamiento que la persona logre sembrar en su mente puede tener la certeza de que florecerá y dará frutos, y que ella misma en su futuro habrá de comer sin opción a escaparse de ese banquete. Por tanto, es de suma importancia procurar sembrar, en el campo fértil de la mente, semillas (pensamientos) constructivas capaces de producir frutos buenos y dulces (acciones).

En tal sentido, el nivel de los pensamientos que se experimentan viene a representar el límite de su capacidad espiritual, y este límite determina la realidad externa que viven y manifiestan las personas día tras día. Como ya hemos visto, el alma tiene tres vestimentas, las cuales, a su vez, no son más que su forma de expresión y de manifestación en este mundo físico, y el pensamiento es una de ellas.

El poder de los pensamientos es tan importante en lo que al desarrollo y transformación personal se refiere que constantes y continuos pensamientos son capaces de crear realidades físicas. El filósofo estadounidense William James afirmó que aquella persona que pueda cambiar los aspectos interiores de su mente, es decir sus pensamientos, podrá también cambiar los aspectos exteriores de su vida o su realidad externa. Así, una persona que no pueda cambiar y dirigir sus pensamientos, lamentablemente no podrá cambiar absolutamente nada en su vida y mucho menos darle una dirección que lo conduzca al éxito.

Cuando se utiliza el pensamiento para enfocarse y dirigir la mente hacia el logro de algo específico, la persona se da cuenta de que comienza a crear a su alrededor las condiciones necesarias para alcanzar eso que ha estado pensando continuamente y que tiene fijado en su mente. El secreto para poder aprovechar esta potente energía del pensamiento está en canalizar toda esa energía en pro de una meta u objetivo, y esto es alcanzado con disciplina; una herramienta valiosísima para ordenar la mente se puede hallar en la meditación.

Por otra parte, uno de los beneficios espirituales y emocionales que alcanza la persona cuando logra corregir o perfeccionar el pensamiento es el hecho de que las relaciones con sus hijos mejoran automáticamente. Y cuando se hace referencia a la relación con sus hijos se incluye todo lo creado por la persona, que puede ir desde negocios y proyectos hasta las relaciones interpersonales o la salud misma.

Órgano controlador: el riñón derecho

De acuerdo con el principio expuesto, cuando hablamos del órgano controlador del mes de Tauro, tenemos que el derecho es siempre más espiritual que izquierdo. El sentido de pensar va ligado con el riñón derecho.

El Talmud señala que «los riñones dan consejo». Estos órganos actúan de forma similar a la conciencia. El riñón derecho, en particular, se relaciona con el consejo espiritual de cómo la persona puede lograr corregir rasgos de su carácter a través de la introspección (el sentido de pensar presente en este mes). El izquierdo aconseja cómo integrar la verdad en la conciencia (el sentido de la audición presente en el mes de Leo). El consejo de los riñones desde un punto de vista más profundo y espiritual puede ser visto como la parte del cuerpo que da nacimiento a nuevas ideas y estas ideas se volverán pensamientos.

Los riñones indican la libertad de elección del hombre, su libre albedrío, su capacidad de elegir lo correcto de lo incorrecto. Así como los riñones reciclan lo útil y excretan el desecho, de la misma manera el ser humano elige y utiliza lo que es bueno para sí, y rechaza aquello que le perjudica.

Trabajo de perfeccionamiento interior para el mes de Tauro

Este mes el cosmos nos invita a transitar por un camino de refinamiento personal, el cual consiste en perfeccionar nuestras cualidades y nuestro carácter a través de la conexión con atributos divinos que todos llevamos dentro, delimitado claramente en la cuenta del Omer, mencionada en Deuteronomio 16:9.

La cuenta del omer es un período de siete semanas que tiene la fuerza de llevarnos de la esclavitud a la cual nos pueda tener sometida nuestro ego a la libertad (15 de Aries, Pascua, hasta el 5 de Géminis, Pentecostés). La cuenta del omer es pasar de un estado en el cual podamos estar viviendo conectados con la voluntad reactiva e instintiva de nuestro ego a un estado de conexión con nuestra alma, en donde la armonía, los éxitos y la felicidad es lo cotidiano. Es alcanzar un nivel y calidad de vida donde existe la posibilidad de mejorar nuestra suerte y destino.

De estas siete semanas al mes de Tauro le corresponden cuatro, que van de la tercera a la sexta semana, y los atributos de nuestra personalidad que trabajamos en este tiempo son los siguientes:

Tercera semana
Atributos: Armonía y verdad

Esta semana nos esforzamos por combinar y armonizar el amor incondicional con la disciplina, con lo cual podremos acceder a la verdad, ya que nuestra habilidad de discernimiento se refinará y perfeccionará. Al conectarnos con este atributo, nuestras palabras, pensamientos, sentimientos y acciones se unen y viajan en la misma dirección.

Cuarta semana
Atributo: Persistencia

Es importante enfocarnos en trabajar nuestra determinación y tenacidad en cuanto a nuestras metas se refiere. Persistencia es la capacidad de insistir eternamente, es permitirnos ser impulsados por metas productivas y sanas que nos conecten con la alegría de vivir, ya que la persistencia es la fuente de toda esperanza y deseos de progresar en la vida.

Quinta semana
Atributo: Humildad

Trabajaremos la gratitud, la cualidad que nos permite ver grandes milagros en nuestras vidas y soluciones para nuestros problemas. A través del agradecimiento del hoy podemos alcanzar lo que aspiramos mañana. La humildad quiere decir que sabes que eres falible y que puedes equivocarte, pero al hacer este reconocimiento de tus errores te percatarás de lo pequeño que eres ahora y de lo grande que podrás ser mañana cuando te des la oportunidad de mejorar.

Sexta semana
Atributo: Vinculación

Esta semana nuestro trabajo de refinamiento va ser dirigido a crear conexiones con otros y en especial con nosotros mismos. Conectarnos con la fuerza de la unión creando un puente emocional con nuestros mundos. Vinculación es abrir un canal de conexión entre la persona que está dando y la persona que está recibiendo.

- Haz las paces con tu pasado. Perdona y sigue adelante.
- Es tiempo de sanar en los cuatros niveles (físico, emocional, psicológico y espiritual).
- No caigas en la trampa de la dualidad. Aférrate a la fuerza de la unión.
- Hay que aprender a interpretar la realidad que nos rodea y decidir si lo que vemos, captamos y tocamos es lo único que existe, o considerar que esta realidad es la máscara de la auténtica realidad.
- Evita apresurarte. Tómate siempre el tiempo que necesites, con prisas, no resolverás nada.

- Disfruta de la belleza física, sin olvidarte de la belleza interior.
- Aprende a darle valor a las cosas.
- Da riendas sueltas a tu imaginación.
- Evita estar cómodo. Si se trata de algo incómodo, hazlo. Abraza la incomodidad.
- Escucha a los demás.
- Comparte activamente con los demás.
- Transforma la complacencia en movimiento.
- Renuncia a la terquedad.
- Advierte quién necesita de ti o necesita ayuda y saliendo de tu comodidad, de tu zona de confort, ayuda a otras personas.
- Sal de tu zona de confort. Al hacerlo abrirás puertas espirituales que te permitirán entrar en una dimensión desde la cual la manifestación de milagros es lo cotidiano.
- Es un buen mes para decidir intervenciones médicas.

La desconexión con la naturaleza reactiva e instintiva crea unidad, y donde hay unión hay paz.

Mayo. Avanzando y progresando

Signo o Mazal: Géminis
Símbolo que lo representa: mellizos o gemelos
Período: mayo-junio
Nombre bíblico del mes: Siván
Letra del alfabeto bíblico que lo representa: «Z» (zain)
Elemento: aire
Astro regente: Mercurio
Parte del cuerpo que lo representa: las manos y los pulmones
Tribu bíblica que lo representa: Zebulón
Piedra correspondiente para este mes: Diamante
Sentido: el caminar
Órgano controlador: el pie izquierdo

El mes de Géminis es el tercer mes del calendario astrológico y es conocido en las fuentes bíblicas como el mes de Siván. El número tres simboliza algo nuevo y su connotación mística se relaciona directamente con el significado de la palabra *verdad*.

La Real Academia de la Lengua Española define la palabra *verdad* como la conformidad de lo que se dice con lo que se siente o se piensa, y como la propiedad que tiene una cosa de mantenerse siempre la misma sin mutación alguna.

La verdad significa mucho más que su simple expresión verbal, ya que en los planos superiores esta se transforma en armonía. La verdad trascendente, por definición, viene de un lugar que está por encima del tiempo y el espacio. Es como ver el cuadro completo de una circunstancia, la cual incluye el pasado, el presente y el futuro, y a su vez contiene la realidad interna y su contraparte externa. La verdad es una síntesis del todo, y es por ello que es armonía.

Muchos secretos fueron revelados en el universo durante este mes. A lo largo de todo el mes la persona puede conectarse con una potente energía de persistencia y constancia. Una particular energía que puede potenciar al individuo para darle una continuidad a cosas, proyectos y emprendimientos grandes y positivos en su vida.

La energía del mes de Géminis brinda a la persona la oportunidad de analizar con mayor facilidad cada acto o aspecto de su vida por separado, determinar sus puntos en común con el resto de las actividades, y simplemente atar cabos y puentes de comunicación entre estos; lo que viene a simbolizar la posibilidad de relacionar dos ideas hasta el momento opuestas generando entre ellas un vínculo de correspondencia para progresar en la vida.

Géminis es un mes de mucha revelación, y el individuo podrá tener la certeza de que en este tiempo descubrirá muchas cosas en su vida que hasta ahora permanecían fuera de su alcance.

Este es el mes del movimiento correcto, donde el individuo puede aprender a conducirse y moverse hacia el camino de la superación personal, la cual incidirá automáticamente en su espiritualidad. La espiritualidad es nuestra única arma realmente efectiva, con la que contamos para afrontar la maldad y la negatividad manifiesta en el mundo físico en el cual vivimos.

Géminis (gemelos) es adaptación-compatibilidad. Tradicionalmente se ha utilizado este ejemplo de los gemelos para simbolizar la relación de pareja perfecta, ya que, aunque ambos miembros son diferentes, están conectados en todo momento y pueden sentir lo que experimenta el otro aun estando distantes.

El arquetipo de los gemelos, en un nivel más profundo y espiritual, representa a dos hermanos que no solo son idénticos sino que a la vez son opuestos. Pero la energía que se revela en este mes tiene la fuerza de rectificarlos y unirlos a través de hacer obras de bien (altruismo/deseo de recibir para compartir con los demás) y de las restricciones hacia lo negativo (egoísmo/deseo recibir para complacerse o beneficiarse solo a sí mismo). La fuerza de Géminis corrige y rectifica la inclinación reactiva y egoísta de la persona, transformándola en proactiva y altruista.

Géminis es un mes en el cual se puede hacer tangible en el mundo físico lo intangible del mundo espiritual; un tiempo donde se puede aterrizar y cristalizar esas brillantes ideas y anhelos que en el pasado no se encontró la manera de darle forma; un mes que encapsula toda la energía necesaria para que la persona emprenda y logre materializar sus metas.

Géminis trae consigo la fuerza para manifestar cambios, otorgando el poder de trascender. Cada cambio positivo está asociado con la elevación de la conciencia, con lo cual la persona podrá acercarse cada vez más a la materialización de sus metas y su misión de vida.

Todo individuo nace o desciende a este mundo con una misión, con un propósito. En el Talmud está escrito: «No estás obligado a cumplir con tu misión pero tampoco estás en libertad de renunciar a ella»; y esto se debe a que para mejorar el mundo es necesario que cada persona asuma su responsabilidad por la situación en la que el mundo se encuentra y haga su parte cumpliendo con su cuota. Para lograr esta difícil labor, la persona podría empezar por eliminar el mal que existe en su mundo y esto a su vez contagiaría al mundo entero. Comenzar a devolver bien por el mal recibido es el secreto para erradicar el mal del mundo, ya que si no se para la cadena, cuando llegue a manos de la persona, esta continuará para siempre; es la ley de causa y efecto.

Esto me recuerda una bella historia:

Un científico y filántropo estaba trabajando duramente en conseguir la forma de mejorar el mundo. Se le acercó su hijo de 7 años y le dijo:

—Papá, papá, vamos a jugar.

—Hijo, no tengo tiempo para jugar, ya que estoy buscando la manera de mejorar el mundo —le contestó el científico.

—Entonces, déjame ayudarte —respondió su hijo.

—No, hijo, esta es una tarea muy difícil y tú no puedes ayudarme —dijo el científico al pequeño.

Y el pequeño se fue cabizbajo. A los 30 minutos regresó y le volvió a decir al científico:

—Papá, papá, vamos a jugar.

—Ya te dije que no puedo, porque estoy sumamente ocupado buscando la manera de mejorar el mundo —insistió el científico.

—Entonces, déjame ayudarte —repitió el pequeño.

El científico tomó una hoja donde estaba impreso un mapamundi, lo recortó en pequeños pedazos y se lo entregó.

—Hijo, cuando armes este rompecabezas jugaré contigo —le dijo.

El niño se fue muy contento porque sabía que cuando terminara de armar el rompecabezas su papá jugaría con él. El científico pensaba que su hijo de solo 7 años estaría entretenido un buen rato. A los pocos minutos regresó el pequeño con el rompecabezas armado y se lo entregó al científico, diciéndole:

—Papá, ya armé el rompecabezas, ahora vamos a jugar...

El científico, desconcertado, le preguntó:

—¿Hijo, cómo lo hiciste? ¿Cómo pudiste armar este rompecabezas tan complejo y en tan poco tiempo si tú solo tienes 7 años y no tienes ni idea de la geografía mundial?».

Entonces, el hijo le respondió:

—Sí, papá, tienes razón, yo no tenía idea de cómo armar ese rompecabezas, pero por detrás estaba la figura de un hombre y al armar al hombre armé al mundo.

Esta pequeña historia nos invita a reflexionar sobre la forma cómo la mayoría de las personas pasan su vida, cómo viven buscando la manera de mejorar al otro, de cómo mejorar el mundo, y no toman conciencia de que cuando ellas mejoran automáticamente mejora el mundo, su mundo. Las mejoras que se hacen en el mundo son el resultado de las mejoras que se hacen en el mundo interior de las personas.

Astro regente: Mercurio

El mes de Géminis está regido por el planeta Mercurio. A Mercurio se le vincula con la comunicación, con la inteligencia y con la unificación entre las dimensiones físicas y espirituales. Es el planeta más cercano al Sol, por tanto, es el que realiza más rápido su movimiento de traslación. En el plano espiritual la cercanía física es un indicador de semejanza, en lo que concierne a la esencia; por ello muchas de las características del Sol se reflejan en Mercurio. Géminis es un tiempo donde el universo invita a la persona a conectarse con su esencia, donde el bien, el dar, el amor, la armonía, el bienestar y la plenitud es absoluta. Un tiempo para tomar responsabilidad en el rol de cocreador del mundo.

La energía intrínseca del mes de Géminis brinda a la persona como una especie de instrumento para la agricultura y/o para la guerra. Así, este mes el individuo tiene a su alcance los instrumentos con los cuales puede construir o destruir su propia vida. Géminis también es asociado con la palabra *alimento*. En el plano espiritual, los instrumentos para la agricultura o para la guerra se pueden entender como símbolos de la sabiduría que va adquiriendo la persona en su proceso de corrección, o las armas que requiere tener en la batalla que debe realizar en contra de sus deseos de recibir para sí mismo o su voluntad egoísta. La sabiduría puesta en acción es lo único que le permite obtener protección de su propia voluntad egoísta para luego elevarse por encima de esta y conectarse con la altruista, lo que le posibilitará, en la misma medida, elevarse por encima de las influencias astrológicas. Esta conexión, con su voluntad altruista, le dejará atraer para sí todo lo bueno y mitigar los juicios severos que tenga en su contra por causa de sus propias acciones del pasado.

Sentido: el caminar (el poder del movimiento y del progresar)

En este contexto, caminar está asociado con el sentido del progreso constante e ininterrumpido. El caminar o el movimiento viene a representar el resultado práctico, a través de acciones, del desarrollo del poder de la palabra que caracteriza al mes de Aries, y el poder del pensamiento que identifica al de Tauro. El caminar simboliza la acción.

El conocimiento de las leyes naturales y espirituales por las cuales se rige el mundo y las vidas de cada una de las personas que conforman dicho mundo, está asociado directamente con el caminar y con el progreso, ya que este conocimiento es necesario para andar con éxito por el camino de la vida utilizando esas leyes en pro de objetivos concretos relacionados con la autorrealización y éxito de la persona.

Tradicionalmente los ángeles son llamados «parados» (porque no tienen la dinámica esencial de la vida); las almas que habitan en el interior de las persona son llamadas «caminantes entre los parados», ya que tienen características angelicales y a su vez características terrenales que le van a permitir progresar, algo que los ángeles no pueden hacer. Cuando la persona se conecta con su naturaleza altruista y hace de esta una constante en su vida, esta se eleva hasta colocase por encima del nivel angelical.

Órgano controlador: el pie izquierdo

En un sentido espiritual las piernas, y particularmente los pies, simbolizan el límite inferior y más externo del hombre. Es mediante los pies que este se pone en contacto con el suelo (mundo físico). Al empujar con sus pies contra la tierra, es capaz de levantarse y elevarse por encima de esa misma tierra que lo mantiene apegado por causa de la gravedad.

El pie izquierdo, al ser el extremo más bajo del cuerpo por su lado izquierdo (que representa los juicios y la severidad), es el lugar de donde surge el potencial de la persona para manifestar el mal en el mundo. Es por esta razón que cuando el ángel de la muerte luchó contra Jacob, hijo de Isaac y nieto de Abrahán, este lo golpeó en su muslo izquierdo; indicaba así el lugar del cuerpo de donde puede surgir la energía malévola de la persona.

Los pies también se relacionan con la vida que pueda llevar una persona, por tanto, aquel que dañe sus pies, no solo se une a una existencia material, vana y superflua, sino que, de hecho, entrega su fuerza espiritual al otro lado, permitiendo así que las fuerzas del mal se nutran a través suyo, como explicó R. Najman de Breslov hace más de doscientos años.

Como se ha mencionado, en todo par (derecho-izquierdo) el derecho representa lo espiritual y el izquierdo, lo físico o material. En este caso el órgano controlador del mes de Géminis es el pie izquierdo, el cual está asociado con el progreso, desarrollo, crecimiento, avance en las actividades físicas; actividades que están vinculadas con el propósito de autorrealización y éxito que puede alcanzar la persona en el mundo material o físico.

La honestidad y la sinceridad son las propiedades del pie izquierdo, directamente vinculadas con las cualidades del alma relacionadas con la humildad y la paz. Ambas cualidades son de vital importancia para un progreso sostenido y duradero.

Trabajo de perfeccionamiento interior para el mes de Géminis

- La primera semana de este revelador mes de Géminis muestra un tiempo asociado con la manifestación de efectos originados por causas pasadas. Es tiempo de recoger lo sembrado materializando todas las acciones que son requeridas después de superar cualquier obstáculo, para así poder consolidar y manifestar éxito en la vida.
- Es tiempo para sembrar y desarrollar relaciones interpersonales. Haz saber lo importante que son para ti las personas que están a tu alrededor y que conforman tu mundo: familia, amigos y vecinos. No des por supuesto que ellos lo saben, exprésalo con palabras y acciones.
- Comunícate siempre, pero no seas demasiado comunicativo.
- Evita ser curioso.
- Ten paciencia.
- Procura en todo momento hacer más agradable la vida a los demás, saluda primero, adelántate al saludar a otros.
- Asómbrate de lo que de verdad no te has dado cuenta.
- Concéntrate en los detalles.
- Ten presente en todo momento que «las acciones hacen corazones». Realiza acciones que muestren la persona que quieres ser, y repítelas hasta que se conviertan en un hábito en tu vida; y recuerda que una buena acción tiene la capacidad de iluminar el camino del individuo cuando esté atravesando por caminos donde abunde el peligro y la negatividad.

- Esfuérzate en mirar el cuadro completo. No emitas juicios de valor sin antes no haber analizado las aristas que lo componen. No te dejes llevar por la primera impresión, ya que eso te hará conectar con tu reactividad, que no es otra cosa que conectarte con la naturaleza instintiva de tu ego.
- Finaliza todo aquello que comiences. Esfuérzate en terminar las cosas inconclusas. Como ejercicio práctico puedes proponerte pensar en un proyecto inconcluso que hasta ahora ha sido un obstáculo en tu vida y decide que lo terminarás. Y algo muy importante, hazle seguimiento hasta concluirlo.
- Deja de posponer las cosas para después... es ahora o nunca.
- Mantén la humildad presente en todo momento. El monte Sinaí fue el designado por Dios para entregar los mandamientos, este que era el monte más pequeño de toda el área, pero numerológicamente la suma de las letras que conforman su nombre es la misma que la suma de la palabra humildad. La energía mediante la cual llega todo lo bueno y positivo a este mundo solo se revela en aquella persona que es humilde, al igual que cuando se reveló a Moisés, en el monte Sinaí, y Moisés es considerado el hombre más humilde de la historia. Si en tu vida, y en especial en este mes, quieres alcanzar sabiduría, perennidad y elevarte espiritualmente permitiendo que tu naturaleza altruista guíe tus pasos, solo debes adquirir la cualidad más grande que puede tener un hombre, que no es otra que la humildad. Sé humilde siempre y las puertas de la sabiduría, el crecimiento personal, la paz y las riquezas se abrirán para ti.
- Es tiempo para emprender y realizar.

Los actos cargados de generosidad funcionan como salvavidas para salir de la tristeza y la ansiedad.

Junio. La visión correcta

Signo o Mazal: Cáncer
Símbolo que lo representa: cangrejo
Período: junio-julio
Nombre bíblico del mes: Tamuz
Letra del alfabeto bíblico que lo representa: «J» (jet)
Elemento: agua
Astro regente: la Luna
Parte del cuerpo que lo representa: el estómago
Tribu bíblica que lo representa: Reubén
Piedra correspondiente para este mes: rubí
Sentido: la vista
Órgano controlador: la mano derecha

Si por un instante la persona se detiene y examina el fluir energético que traen consigo los meses de la rueda zodiacal a partir del mes de Aries, podrá notar fácilmente la existencia de una tendencia continua favorable para que logre alcanzar su superación y refinamiento personal.

En el período correspondiente al primer mes, el de Aries, la persona comienza su despertar espiritual percatándose de la clase de esclavitud física, emocional, mental y espiritual a la cual la ha tenido sometida su propio ego. Esa esclavitud le impedía manifestar la mejor versión de sí misma, con la cual era imposible atraer todo lo bueno y positivo disponible en el mundo para que le apoyase a alcanzar su realización material y elevación espiritual.

Luego el tren —siguiendo la metáfora del tren en marcha— llega a la segunda estación, al mes de Tauro, en el cual la persona se ocupa de trabajar arduamente, al igual que lo hizo en pleno desierto el pueblo de Israel (alma) después de su salida de la esclavitud de Egipto (ego). Este trabajo tiene el firme propósito de permitirle lograr que ese despertar que experimentó su alma y posterior liberación del yugo de su propio ego, pueda transformarse en parte integral de sí misma. Le llevará también a un refinamiento de cualidades y rasgos de carácter que solo podrá ser alcanzado con acciones que maximizarán su conexión con su alma y, por ende, minimizarán la conexión con la naturaleza reactiva e instintiva de su ego.

El tren se detiene después en la tercera estación, en el mes de Géminis, en el cual gracias al constante y esmerado esfuerzo que ha realizado el individuo en tratar de manifestar la mejor versión de sí mismo, a través de acciones, que iban a veces en contra de su propia naturaleza reactiva y egoísta, consigue una conexión genuina con su alma.

Estas acciones han generado su fruto. Crear hábitos con los cuales lograr una conexión con la naturaleza altruista que, en esencia, está conectada con el dar y busca recibir todo lo bueno y positivo para compartirlo con otros. Esta naturaleza, a diferencia de la egoísta, es proactiva, cargada de una firme inteligencia emocional. Con esa proactividad la persona va creando y construyendo una vida donde sus relaciones interpersonales, su prosperidad, su salud, su paz interior, son plenas y satisfactorias. Con la construcción de este puente que permite realizar una conexión genuina con el alma, podrá manifestar constantemente todo lo bueno y positivo que el universo reserva para ella. Comenzará a experimentar un nivel donde podrá traer el cielo a la tierra, logrando vivir con la plenitud y satisfacción absoluta del cielo, pero con los pies en la tierra.

Cáncer sigue inmediatamente a Géminis y representa un tiempo de clímax espiritual. Este mes puede ser comparado con una persona que está en la cima de su carrera profesional o disfrutando de la calidad de vida deseada.

En este tiempo la persona ha alcanzado su cima espiritual, después del progreso y trabajo realizado en los anteriores tres meses de ascenso. Sin embargo, es precisamente en este momento de clímax cuando la negatividad ataca. El tiempo de ascenso ha llegado a su fin, y el mes de Cáncer y su energía ejercen ahora su influencia de descenso, de bajada, y traen caos, confusión y peligro para la persona.

No es un secreto que las fuerzas espirituales negativas, generadas en su mayoría por el mismo ego, atacan a la persona precisamente cuando está despierta y comienza a elevar su nivel de conciencia. Recordemos que el ego es una ayuda que se manifiesta como una voluntad en contra de los deseos del alma, que busca conducir al individuo a esforzarse para ganarse el mérito de poder elevarse por encima de él.

Ahora te preguntarás qué ganarías con elevarte por encima de tu ego. Y mi respuesta es que, aparte de cumplir con el propósito de tu nacimiento, ganarías vivir en el cielo pero con los pies en la tierra, trayendo la bondad, prosperidad y plenitud a tu mundo para que junto a los tuyos puedas disfrutar de una vida buena y dulce en todas las áreas de tu existencia.

Mientras la persona se mantenga en un estado de sumisión a los deseos reactivos de su naturaleza instintiva, lamentablemente vivirá su vida dormida y esclavizada bajo el yugo de su ego, en donde se verá limitado para alcanzar cambios y transformaciones en cualquier área de su vida, comenzando por la personal, que le limitarán en sus esfuerzos para alcanzar la felicidad plena.

Estas fuerzas negativas, las cuales en un 99 por ciento provienen desde el interior de la misma persona, simplemente no se preocupan por ella, sino su función es dar rienda suelta a su naturaleza instintiva, animal y egoísta, ya que ponen pruebas a la persona de una dificultad tal que esta requiera hacer un esfuerzo sobrenatural para salir victorioso de ella, ya que lo natural es permitirse dejarse llevar por la naturaleza reactiva y egoísta del ego y no por la proactiva y altruista del alma.

Un ejemplo de lo expuesto sería cuando una persona es insultada injustamente. ¿Qué es lo normal o natural? Que esta reaccione ante esos injustos insultos; en la mayoría de los casos lo hace de forma reactiva e insulta a su vez a la otra persona; es lo que se llama choque de egos. Lo más probable es que esta discusión termine en una riña. Muy pocas veces vemos a una persona lo bastante inteligente emocionalmente que baje su cabeza y siga adelante manifestando su naturaleza altruista y proactiva. Recordemos que para que tenga lugar una pelea, siempre se necesitan por lo menos dos. Muy pocas personas usan su poder del veto, ya que la sensación de reaccionar impulsivamente y descargar todas las emociones negativas traen mucha satisfacción, pero lo que no sabe la gente es que esta satisfacción es temporal y alimenta aún más tanto las emociones negativas y limitativas de la persona que ofende, como de la que es ofendida, ya que esta también busca descargar sus propias emociones negativas sobre esa misma persona o sobre otra que generalmente es alguien muy cercano a él, como puede ser su familia manifestando más mal en el mundo. Por ello en capítulos anteriores se mencionó que la única manera de terminar con el mal es devolviendo bien por el mal recibido; de lo contrario la persona sería parte de una cadena de dolor y sufrimiento colaborando de forma activa.

Ahora probablemente te preguntarás: ¿Para qué se creó una naturaleza instintiva y reactiva conocida como el ego, si ya todos conocemos las múltiples consecuencias negativas que trae a la vida del ser humano? Para obtener esta respuesta es necesario ir hacia atrás, al principio de los tiempos, a lo relatado en la Biblia, donde podremos observar que junto con la creación de Adán y Eva, también fue creada la serpiente (un serpensante que aún no tenía forma de la serpiente que conocemos actualmente y mucho menos se arrastraba para desplazarse), la cual es la representación metafórica de estas fuerzas espirituales negativas, y que visto desde un punto de vista místico simboliza el ego de cada persona. Por otra parte, se entenderá la razón del porqué el ego debe acompañar a la persona en su transitar por la vida.

El mundo en su totalidad fue creado para beneficiar al ser humano, apoyándolo particularmente en su heroica labor de alcanzar su superación personal y lograr poder manifestar una mejora para sí y para el mundo en general. Por ello se le otorga el libre albedrío, y se le permite nacer en un momento único y especial donde la influencia astrología pueda ejercer todo su poder para apoyarla en su labor de *tikún*, y es colocada en un escenario en el cual la persona pueda ser recompensada por cada uno de sus actos. Sin embargo, si la persona no tuviese ningún obstáculo representado por los desafíos o pruebas que se le puedan presentan en la vida, si ninguna fuerza se le opusiese, entonces más que una recompensa recibiría un obsequio, lo cual sería como comer del «pan de la vergüenza» (vergüenza de recibir algo sin haber tenido mérito para ello). ¿Por qué? Pues tal regalo avergonzaría profundamente a la persona como ocurre cuando el necesitado se avergüenza cuando observa a los ojos de su benefactor. Además, todo aquello que la persona recibe por obsequio procede de fuera, del mundo exterior, y la persona jamás llega realmente a convertirlo en parte de su ser.

Imaginemos por un momento el siguiente escenario: Dos hermanos entran en la universidad simultáneamente y estudian la misma carrera, uno se esfuerza, estudia y aprueba todos sus exámenes, con lo cual al final logra titularse; por otro lado, el segundo hermano no estudia y no hace ningún tipo de esfuerzo para lograr progresar en sus estudios universitarios, pero su padre viendo que su hijo esta tan lejos de lograr titularse, habla con todos sus profesores, cada año, para así lograr que le aprueben sus exámenes, para al final también titularse. Ambos hermanos cuelgan su título enmarcado en la pared. ¿Cómo piensas que se podrá sentir el segundo hermano, el que no estudió ni se esforzó en titularse cuando vea el título colgado en la pared? ¿Crees que podrá sentirlo suyo? ¿Podrá sentir que ese título forma parte integral de su ser? Por supuesto que no. Por ello decimos que lo regalado no llega a ser nunca parte de nuestro ser. Solo se valora aquello que ha costado esfuerzo y dedicación y lo que ha sido gratis o regalado generalmente no se valora. Un regalo siempre lleva el nombre de aquel que lo obsequió, mientras que lo que se gana y obtiene con el propio esfuerzo, pertenece a la persona de un modo esencial. Por estas razones, se explica que estas fuerzas espirituales a las que llamamos negativas, representadas por la voluntad reactiva del ego, vienen a cumplir un rol vital e indispensable en el trabajo del ser humano, pues al superar la prueba, recibe una recompensa espiritual como producto de su propio esfuerzo.

Con el objeto de ser más conscientes de los desafíos energéticos presentes en el mes de Cáncer y, de este modo, minimizar su influencia negativa, intentaré aclarar precisamente los aspectos vinculados a la tendencia a la desconexión con los principios y valores asociados con este mes y relacionados con la caída que puede experimentar el ser humano una vez que ha llegado a la cima.

La caída también está directamente relacionada con el agradecimiento. Cuando la persona olvida agradecer el bien recibido por parte de otros, en ese preciso momento comienza su descenso, su caída. De ahí la importancia de recordar de dónde se viene, el esfuerzo que ha costado conseguir las cosas y, sobre todo, las personas que nos han apoyado de una u otra manera en el ascenso por la montaña de la vida. La acción de agradecer tiene la fuerza de eliminar todos los juicios negativos que traen tristezas al mundo y preparan el terreno para poder seguir recibiendo.

Este mes tiene una influencia energética negativa que inclina y desvía al individuo al terreno de pensamientos y actos desconectados de sus valores y principios, y en muchas ocasiones lo aparta de sus buenas prácticas. Como hemos comentamos, cuando se habla de negativo realmente se está refiriendo a los juicios severos y oportunidades de evolución que se manifiestan en el mundo a través de desafíos u obstáculos.

Es muy importante entender que *negativo* no necesariamente significa «malo», sino que encierra toda cosa que motive a la persona a una inclinación que la desconecte de su lado altruista y proactivo, el cual es el que la motiva a hacer el bien sin mirar a quien y a conectarse con el amor incondicional.

Cuando el individuo experimenta una desconexión con su naturaleza altruista, automáticamente lo conecta con su naturaleza instintiva, con la naturaleza reactiva y limitativa del ego, lo que lo coloca en un escenario de mayor desafío y riesgo. ¿Y qué significa esto? ¿Qué se quiere transmitir cuando se dice que el individuo al conectarse con su naturaleza egoísta se coloca en una situación de mayor desafío? El estar en una situación de mayor desafío realmente es una oportunidad de mayor desarrollo, y tiene un significado muy importante y valioso en cuanto al trabajo de crecimiento personal se refiere, por tanto, al estar colocada la persona en un escenario de mayor riesgo puede ganar más. Es como cuando se invierte en la bolsa de valores, las acciones más arriesgadas son aquellas que dan mayor dividendo. Este escenario, que la mayoría de las personas capta como negativo, realmente lleva al accionista a que pueda alcanzar un mayor dividendo por sus acciones. Estar en un escenario de riesgo o de caída espiritual es un desafío cargado de oportunidades para la transformación y superación personal, ya que brinda a la persona la ocasión de resistirse a sus deseos egoístas y elegir acciones proactivas y altruistas con las cuales continuará elevándose y conquistando mejores niveles de vida para sí y para su mundo.

El trabajo para este mes es estar alerta y tomar todas las medidas que sean necesarias para que la influencia astrológica de este tiempo no tome a la persona por sorpresa, y que esté bien preparada para sacar lo bueno y positivo que se pueda presentar encapsulado en la supuesta negatividad. Así como ocurre con el revelado de fotos, ya que de un negativo se pueden sacar innumerables positivos.

Mientras más difícil sea el desafío, más satisfacción, poder interior y bendiciones se alcanzarán cuando se logre superarlo. Cada desafío o dificultad que se presenta en la vida es realmente una oportunidad para progresar, para lograr una rectificación personal y del mundo; es, verdaderamente, un regalo que se ha dado a la persona para cumplir con el propósito por el cual ha venido a este mundo.

Por otra parte, hay que ser conscientes de que los desafíos que se les ha de presentar a la persona siempre están relacionados directamente con las correcciones del carácter que deba realizar en su transitar por este mundo físico, por tanto, cada individuo tiene desafíos o pruebas particulares, generalmente muy diferentes a las de las demás, pero que siempre le van a exigir. Por eso el no juzgar a otras personas toma una mayor relevancia, ya que nadie se encuentra en los zapatos de otro ni está viviendo su vida con todas esas influencias astrológicas y programaciones que la han marcado desde su nacimiento y su crianza. Por eso se puede esperar que a una persona pasiva y paciente se le presente una prueba de tolerancia o paciencia, ya que esta prueba no la va a retar, tal vez esta persona sea un poco introvertida y buscando trabajo consiguió uno en el cual deba hablar en público constantemente; pero para el animador de televisión el hablar en público no presenta mayor desafío, sino que este tendrá otro de acuerdo a los rasgos de su carácter que deba perfeccionar, como puede ser el escuchar a otros.

En este mes la sensibilidad estará a flor de piel; es de esperar que el individuo sea puesto a prueba en el área de las relaciones personales y en algún momento pueden manifestarse emociones que conecten con el ego, como pueden ser el sentirse criticado, rechazado, abandonado, herido, deprimido, malhumorado, vacío, inseguro, triste y melancólico. Estas son las típicas emociones negativas que podemos esperar experimentar durante este mes de Cáncer. Lo importante aquí es evitar tomárselo todo de forma personal.

Astro regente: la Luna

¿Por qué en este mes se puede esperar esta tendencia emocional? Porque el astro que rige a Cáncer es la Luna, y el afloramiento de estas emociones es debido a su influencia sobre el mundo emocional. Te preguntarás ahora, ¿qué tiene que ver la Luna con mis emociones? Vamos a explicarlo de forma breve y sencilla: la luz que proporciona la Luna no es propia, ella solo refleja la luz que proviene del Sol; por tanto, la Luna no puede generar la luz que proyecta por sí misma. De la misma manera que ocurre en el macrocosmos, ocurre en el microcosmos, es decir, «como es arriba es abajo». Esta regla es de vital ayuda al profundizar en el estudio de la conducta del ser humano y en los misterios del universo, ya que esta representa una especie de norma la cual refleja como un espejo la esencia de todas las cosas. Recordemos lo señalado en el Talmud, donde el hombre es comparado a un pequeño mundo y el mundo es comparado a un gran hombre.

Cáncer es el único signo regido por la Luna, la cual ejerce una poderosa influencia sobre el agua del planeta Tierra. En este punto es de suma importancia recordar que la persona vive en la Tierra y que está compuesta por aproximadamente el 70 por ciento de agua.

La Luna está relacionada con el mundo físico, en el cual están presentes las limitaciones establecidas por las leyes naturales. Este astro incide de manera directa en los cambios y la variabilidad, y trae desafíos relacionados con la reactividad emocional. Cada noche la Luna, poco a poco, muestra una faceta diferente a la que mostró la noche anterior; estos constantes cambios cargados de inestabilidad proyectan hacia el ser humano una energía que despierta sentimientos de incertidumbre, inestabilidad e inseguridad; y un error que comete la persona es que busca restablecer su seguridad interior con una comodidad exterior o material. Por este motivo hay personas que pueden pasarse la vida buscando llenar esa carencia interior con bienes materiales. En este mes hay una fuerte tendencia a que la persona se deje llevar por los deseos ambiciosos y materialistas de su naturaleza egoísta, y por ello el trabajo para este mes también debe enfocarse en hacer resistencia y por ningún motivo darse el permiso de rendirse o abandonarse a estos deseos reactivos.

Cáncer es un mes emocional donde se manifiestan oportunidades únicas en cuanto a tener y mantener el control total de las emociones y caminar por encima de ellas. Cuando en la Biblia se menciona el elemento agua, generalmente se asocia con el nivel de las emociones. Decir que una persona camina por encima de las aguas, en un sentido profundo, se refiere a que está en un nivel por encima de sus emociones (ego) y no permite que estas gobiernen su vida. Las emociones constituyen el lugar donde se asienta el ego del ser humano, por tanto, cuando la persona logra caminar por encima de sus emociones, puede tener la certeza o la seguridad de que también en su vida caminará por encima de las influencias astrológicas con las cuales se rige el mundo físico. De ahí la importancia de trabajar este nivel de existencia, ya que de él va a depender, en gran parte, que el individuo logre decirle adiós a la influencia astrológica para transformarse en el constructor de su propio destino.

¿Te has preguntado alguna vez cuántas veces has perdido un buen empleo, un buen negocio o una buena relación, simplemente por dejarte llevar por tus emociones y tu reactividad? Muchas, ¿verdad? Realmente no conozco a nadie que no haya perdido algo por causa de no saber manejar sus emociones y dejarse llevar por los instintos reactivos del ego. Como está escrito en el libro de Proverbios: «Es más fuerte un hombre paciente que el más fuerte. Es más valiente el que se domina a sí mismo que aquel que conquista una ciudad». Por otro lado, en el Talmud, para mostrarle a la persona dónde yace la verdadera fuerza del ser humano, esta se pregunta: «¿Quién es fuerte?». Y se contesta diciendo: «Fuerte es aquel capaz de dominar sus emociones». En este mes de Cáncer se brinda al individuo la oportunidad de tomar control de sus emociones, haciéndolo más inteligente y maduro emocionalmente.

Es un mes para preguntarse: ¿Tengo el control de mis impulsos y emociones? O por el contrario, ¿son mis impulsos y emociones los que me controlan? ¿Estoy viviendo mi vida de una manera reactiva e impulsiva, en la cual actúo sin pensar y sin medir las consecuencias? O por el contrario, estoy viviendo una vida proactiva, en la cual antes de actuar primero me detengo a pensar y reflexionar. Los perdedores en la vida son reactivos porque actúan sin pensar, en cambio, los triunfadores son proactivos ya que actúan solo después de una introspección; los triunfadores no se dejan llevar por los impulsos desbocados de su ego, ellos ya se tomaron la tarea de reeducar y potenciar positivamente a su ego, para que cuando este reaccione lo haga de forma positiva y constructiva.

Es un tiempo para darse la oportunidad de abrir canales de amor. Cuanto más se practique el amar a los demás sin motivo alguno, sin ningún interés de por medio, más se abrirá este canal logrando manifestar plenitud y gracia. Amarrarse al amor incondicional puede resultar desafiante y contrario a la naturaleza instintiva, pero cuanto más se despierte el amor genuino, más posibilidad tendrá la persona de ver milagros en su vida.

Este mes es necesario estar más en sintonía con las emociones y las circunstancias de los demás, y ser más sensibles en la forma en que se trata a otros, y así lograr transformar este período oscuro en luz mediante actos poderosos de compartir el amor incondicional.

Signo - Mazal: Sartán (Cáncer - cangrejo)

El cangrejo es una criatura pasiva, que se dedica a correr y ocultarse. Uno de los significados de la raíz etimológica del término *sartán* (cangrejo), *seret*, es, en general, «cinta», una cinta de película (un film).

Cáncer, en lenguaje bíblico o sagrado, se compone de dos partes: *Sar* (de quitar y limpiar) y *Tan* (negatividad). Así, el mes de Cáncer es un tiempo propicio para limpiar, por una parte todas las emociones negativas que limitan a la persona, y por otra, las relaciones negativas que no le permiten evolucionar.

Sartán (cangrejo) también significa: «dejar de lado el cuerpo» (para revelar el alma), es decir, quitar la coraza. Muchas personas se ven imposibilitadas para expresar amor por los seres queridos debido a que se han creado corazas para protegerse del mundo exterior; tal vez fueron heridas sentimentalmente una vez y se crearon esa coraza para no volver a ser dañadas. Pero lo que no saben es que esa misma coraza que los «protege» de no volver a ser dañados nuevamente, también les impide hacer demostraciones de amor, bloqueando así los canales por donde fluyen el amor y la abundancia. La única manera que tiene la persona de soltar esta coraza y abrirse nuevamente al amor y la abundancia es perdonando a todas aquellas personas que alguna vez le pudieron herir y comprender que ellas también fueron heridas. Solo se puede dar lo que se tiene, y si se lleva un corazón lleno de dolor, solo se podrá dar dolor. Así pues, la persona debe procurar siempre mantener un corazón libre de resentimiento, para cuando tenga la oportunidad de dar de sí, entregue a los seres que ama un corazón donde abunde el amor.

La energía del mes de Cáncer empuja a la persona a eliminar los problemas o situaciones negativas presentes en su vida, ya que estas situaciones generan emociones que pueden causarle un «cáncer». No es casualidad que este mes lleve el nombre de esta enfermedad. Se dice que la semilla del cáncer que posteriormente se desarrolla se origina en este mes. Es por tanto de suma importancia eliminar todas las emociones negativas haciendo las paces con uno mismo y con los demás.

En este mes existe una elevada dosis de temor irradiado desde el cosmos. En un sentido negativo, el temor significa «ausencia», y en su aspecto positivo significa «purificación». Purificando el corazón de todo malestar o resentimiento, la persona purifica automáticamente su sentido de la visión, y con esto podrá ver en cada ocasión y en cada hecho la revelación de lo bueno y positivo.

Sentido: la vista

> Los ojos son las ventanas de la mente ya que la memoria del hombre depende de ellos.
>
> R. Najman de Breslov

Este mes está impregnado de una particular luz espiritual que está relacionada directamente con la luz que emite el objeto observado y que vuelve a los ojos. Es un mes para rectificar la vista, en el que hay que «cuidar todo lo que se observa».

En un sentido espiritual, los «problemas» relacionados con la vista llegan a la persona porque no ha cuidado lo que observa con sus ojos. Así, la ceguera que sufrió Isaac, hijo de Abrahán, relatada en la Biblia estaba asociada con lo que él miraba, y como para él Esaú eran sus ojos, él lamentablemente veía siempre la maldad que provenía de ese hijo, lo cual lo llevó a la pérdida física de la visión.

El Talmud indica: «El ojo ve, el corazón desea lo que ve el ojo, el cuerpo ejecuta y el alma es ejecutada». Es, pues, muy importante ser en todo momento vigilante de lo que se ve, para así cuidar la visión física que permite a la persona mantenerse alejado de enfermedades y padecimientos relacionados con la vista y, por otra parte, le permite mantener una saludable visión espiritual con la que podrá discernir y observar la esencia de las cosas, y mantenerse alejado del caos y el sufrimiento. Ya que cuando la visión de la persona está nublada o empañada, esta sin saberlo es conducida a la destrucción y al duelo. A través de una «visión correcta» se aumenta la santidad del mundo; y esta visión rectificada se logra dirigiendo los pensamientos, las emociones y las acciones hacia todo lo que es bueno y positivo presente en la vida. El cuidado de la visión va desde las películas y fotos, hasta las acciones inmorales o carentes de amor cometidas por otros en presencia de la persona.

Una visión correcta comienza reconociendo las cualidades y acciones positivas de las personas que se tienen alrededor y conforman su mundo hasta el agradecimiento por todo lo recibido. Agradecer por el Sol que calienta la tierra y permite que las plantas hagan su fotosíntesis, y se desprende así oxígeno con el cual se puede respirar; hasta agradecer a todos aquellos de los que se recibe un bien, ya que cuando una persona deja de agradecer por el bien que otros le han hecho, es el momento en que esta comienza a caer atrayendo para sí toda clase de sufrimientos y tribulaciones.

El verano, tiempo en el cual comienza el período de Cáncer, representa las «vacaciones» de los ojos. Es el tiempo en que la persona debe «cubrir» sus ojos para ver solo aquello que es honesto y bueno, en el mundo en general y en el prójimo en particular. La capacidad de cuidar y enfocar la vista correctamente conduce a la rectificación del sentido visual.

Una de las principales desconexiones con todo lo positivo y las bendiciones que provienen de este puede ser causada por la vista, ya que si la persona tiene una visión incorrecta conectada con las gafas del ego, esta va a buscar solo ver las limitaciones que existan en su entorno para así deprimirse o buscar solo los defectos en otras personas para de esta manera evitar una vinculación. Pero la visión más incorrecta la alcanza la persona cuando desea lo que ve en el mundo sin importarle absolutamente nada, cayendo así en la codicia y la envidia. Ya que «el ojo ve y el corazón siente» y después que el corazón sintió ese deseo, proveniente desde su ego, la persona puede olvidar hasta sus valores y el respeto a lo ajeno.

La persona debe entrenar sus ojos, tanto física como espiritualmente, para ver solo la dimensión positiva e interna de la realidad y no conectarse con la realidad externa de las cosas, o con esas fachadas que suelen aparentar ser positivas por fuera mientras que realmente son negativas por dentro, y viceversa.

El significado espiritual vinculado al sentido visual propio del mes de Cáncer requiere dejar de lado lo físico y material (el ego, egocentrismo) para revelar en este mundo lo realmente auténtico y espiritual (el alma, altruismo).

La mayoría de las personas suele relacionar, de modo equivocado, al bien con el placer, y al placer con el bien. Muchas veces lo que da placer no produce bien, como pueden ser las comidas, o viceversa.

Profundizando un poco más en la premisa anterior, se puede decir que la idea del bien cambia y se modifica con el tiempo, y lo que antes podía provocar placer, hoy puede generar un gran disgusto. La verdad es inmutable y de carácter perpetuo en el tiempo, por ello se encuentra por encima de cualquier prejuicio o placer. En tal sentido, es recomendable aprovechar la energía de este mes para revisar las acciones, y decidir si estas se quieren basar en parámetros y pilares verdaderos o en vanas y cambiantes ideas del bien, del mal y del tan inestable placer. Así, cada persona en el momento de tomar una decisión debe discernir entre lo que quiere (egoísmo) y lo que debe (altruismo). Al final siempre ha de prevalecer lo que debe, ya que hacer lo correcto puede que reduzca un poco el placer temporal del presente, pero sin duda es lo que al final traerá verdadera satisfacción a la vida. Cuando la persona rechaza algo que quiere (satisfacción temporal relacionada con el ego) por algo de verdadero valor se vuelve más fuerte y potencia su ser con una renovada energía permitiéndose acceder a dimensiones en las cuales la satisfacción y sosiego es plena y permanente.

La capacidad que posee la persona de poder ver más allá del momento presente en el que vive, es lo que la hace desear un mundo mejor y aspirar a estar entre aquellos que pueden hacer que esta idea sea posible. La capacidad de poder visualizar el potencial, o lo que sería lo mismo, el poder de ver más allá, inspira a la persona a hacer sacrificios por aquello que cree. Y cuando hay sacrificio, cuando se hace un esfuerzo sobrenatural y se sacrifica la naturaleza innata o egoísta, es el momento en el cual el cosmos devuelve la misma moneda y la persona comienza a manifestar cosas sobrenaturales para sí y los suyos, este tipo de manifestaciones son conocidas como «milagros».

Órgano controlador: la mano derecha

Las manos, en un sentido profundo, corresponden a las limitaciones a las cuales se ve restringido el potencial humano. También expresan los pensamientos de la persona mediante los movimientos y gestos que se suelen utilizar para acompañar sus palabras. Siempre están en constante movimiento y la dirección que estas tomen va a depender directamente de las intenciones de la persona. Las manos son los miembros del ser humano que se relacionan con las acciones o con los actos, y en este contexto, cuando se habla de que la dirección que tomen las manos va a depender de las intenciones, se refiere a que los actos con los cuales se conduce una persona están estrechamente ligados a sus intenciones o deseos.

Constantemente están expresando o manifestando las emociones internas del individuo, así como también expresan la fe o la falta de fe que pueda experimentar una persona, debido a que las manos intervienen directamente en los momentos dedicados a las plegarias u oraciones con las cuales la persona busca atraer al mundo físico, las bendiciones y todo lo bueno y positivo que existe en los mundos superiores, en donde todo es luz y plenitud. Cuando la persona eleva una plegaria se le recomienda abrir y elevar las manos como si estuviera recibiendo algo, como si recibiera su petición de forma intangible y con la obra de sus manos poder hacerla tangible.

Las manos vienen a representar la capacidad que tiene la persona de traer bendiciones al mundo a través de un acercamiento a una vida espiritual. La fe y las manos están muy relacionadas y esa relación se observa en que ambas proveen a la persona del sustento, ya que esta utiliza sus manos para trabajar y ganarse su manutención, y la fe es esa confianza que siente en sí misma, teniendo la certeza de que a través del trabajo de sus manos recibirá su sustento.

En general, la mano derecha y su dedo índice, en particular, sirven para dirigir y enfocar la vista. Esta mano representa la conexión con el atributo de la bondad y misericordia presente en el ser humano. Cuando se logra conectar con este atributo la persona comienzan a despertar dentro de ella un afloramiento de sentimientos de bien que la llevan a realizar obras cargadas de bondad para los demás y, medida por medida, el universo le corresponderá devolviendo para ella esa misma energía cargada de bondad con la cual podrá endulzar sus juicios, aligerar su equipaje y crear momentos de plenitud en su vida. La persona que logre esta conexión podrá tener la certeza de que el bien la perseguirá todos los días de su vida.

Trabajo de perfeccionamiento interior
para el mes de Cáncer:

- Es tiempo de sanar cualquier cáncer presente en la vida. Esta enfermedad física y espiritual puede presentarse en el cuerpo físico, en la prosperidad, en las relaciones interpersonales, en la relación con uno mismo.
- Trabaja la tolerancia hacia ti mismo y hacia los demás.
- Trabaja también los miedos y las dependencias a cosas materiales.
- Es el momento propicio para dejar ir el miedo, la inseguridad, esa antigua relación de pareja, empleo o negocio. Es tiempo de deshacerte de todas esas cosas que no traen satisfacción a la vida.
- Comunica a otros tus estados de ánimo y emociones, pero con amor.
- Atiende las necesidades de los demás, ayuda emocionalmente a los otros, esto te enriquecerá espiritualmente y te fortalecerá emocionalmente.
- Es un mes para confiar en ti mismo, ya que tendrás una poderosa intuición y percepción de todo lo que ocurre dentro de ti y tu entorno.
- Rompe esa falsa sensación de seguridad que construiste a través de bienes materiales.
- Deja ir algo que te proporcione seguridad, por ejemplo, un bigote, unos lentes, etc.
- Suelta tus temores. Recuerda que los temores no tienen sustancia física y solo existen en tu mente y que la fuerza que ellos tengan sobre ti es la fuerza que tú le has dado a ellos. Los temores se alimentan de ti mismo.
- Arriésgate y confía en que todo es para bien.
- Conéctate con el altruismo.
- Realiza acciones que te inciten a compartir.
- Recuerda todo aquello con lo que has sido bendecido y agradécelo. El agradecimiento de lo que tienes ahora es

la base para que se manifiesten en tu vida tus anhelos y aspiraciones.

- Vive en el presente. Sana tu pasado y suéltalo, ya que de no ser así te será imposible avanzar en la vida. Perdona y pasa la página.

- Es tiempo para enfrentar todas esas cosas que hasta ahora has estado evadiendo por temor. El no arriesgarse hoy crea un mayor riesgo mañana.

La cualidad auténtica de un verdadero líder reposa en su humildad.

Julio. El liderazgo y la humildad

Signo o Mazal: Leo
Símbolo que lo representa: león
Período: julio-agosto
Nombre bíblico del mes: Av
Letra del alfabeto bíblico que lo representa: «T» (tet)
Elemento: fuego
Astro regente: el Sol
Parte del cuerpo que lo representa: el corazón
Tribu bíblica que lo representa: Shimón
Piedra correspondiente para este mes: esmeralda
Sentido: el oído
Órgano controlador: el riñón izquierdo

Leo es el mes del sufrimiento y, a su vez, el mes del consuelo. Históricamente Leo es conocido por los numerosos acontecimientos negativos que han ocurrido durante este tiempo. En este mes, por ejemplo, tuvo lugar la firma de la Solución Final de Hitler y la destrucción de los dos templos sagrados de Jerusalén. Pero como ya se ha mencionado en capítulos anteriores, lo negativo no necesariamente está asociado con algo malo, sino que está relacionado directamente con la manifestación de los juicios severos decretados sobre la persona o una sociedad, los cuales se encuentran directamente vinculados con la ley universal de causa y efecto, es decir, cuando se habla de negativo en este contexto se hace referencia a los pases de factura que realiza el cosmos al individuo de acuerdo con los pensamientos, sentimientos y acciones manifestadas en algún momento anterior al ahora. Por tanto, no se puede ver como algo malo, sino al contrario, como una oportunidad de rectificación y perfeccionamiento asociada con la autorrealización de la persona y el perfeccionamiento del mundo en general. Es como cuando una persona está comiendo y por un descuido le cae comida encima de su ropa; en el caso de que sea la única ropa que tiene disponible y no la puede tirar, ¿qué puede hacer entonces? Simplemente lavarla. Así como lavar deja la ropa nuevamente limpia e impecable, de la misma manera cuando el universo trae a la persona esos juicios severos, causados por sus propios actos, sentimientos y pensamientos, en realidad le está ofreciendo una forma para rectificar sus acciones egoístas y reactivas del pasado, con lo cual la persona puede dejar nuevamente su camino limpio de esos obstáculos que le puedan impedir seguir avanzando en su vida y alcanzar su autorrealización y las mejoras que pueda necesitar incorporar en las diferentes áreas de su vida, como en la salud, el amor, la prosperidad, la paz, etc.

En lo que se conoce como negativo hay realmente encerrada una gran positividad, ya que el único propósito de esa negatividad que llega a la persona en forma de obstáculos, problemas o tribulaciones, es el de permitirle acceder a tener la oportunidad de iluminar su vida y su mundo haciendo brillar su luz interior con acciones, emociones y pensamientos altruistas, cargados de una importante energía positiva; con los cuales la persona fabricará, para luego conquistar, peldaños espirituales en dirección ascendente que le permitirán elevarse por encima de la influencia astrológica emanada por los cuerpos celestes presentes en el cosmos.

En este mes, se cultiva la audición correcta, la cual está relacionada directamente con la comprensión. El oído lleva a la persona a realizar una conexión con su interior, y desde allí poder hacer la introspección necesaria que la llevará a un entendimiento de su realidad interna y externa, a diferencia de la vista, que conecta directa y únicamente con el mundo exterior o realidad externa.

En estos tiempos modernos, la vida de las personas se caracteriza por hacer múltiples actividades. La persona vive su vida relacionando estas actividades como un todo, en el cual una no está desconectada de la otra, trayendo así una falta de atención en lo que está haciendo en todos los momentos que conforman su tiempo, por ejemplo, a la hora de almorzar aprovecha para hacer llamadas telefónicas pendientes, lo cual no le permite disfrutar plenamente del acto de comer, o mientras conversa con otra persona a su vez está revisando las redes sociales desde su móvil.

Esta forma de vivir no permite que las personas escuchen realmente a otros o a sí mismas, generando así, obstáculos que bloquean y sabotean realizar una conexión genuina con la «audición correcta».

El no dedicarse a escuchar atentamente impide que se logre entender, con la comprensión interior, el mensaje que se está recibiendo de fuera, ya que en la comunicación, aproximadamente el 5 por ciento está contenida en las palabras y el otro 95 por ciento lo está en lo que hay detrás de las palabras. Y para captar ese 95 por ciento es necesario que la persona concentre toda su atención en el mensaje que se está recibiendo; hay que utilizar la comprensión externa para entender las palabras que son trasmitidas y luego permitir que estas ingresen, para que desde la comprensión interior se le pueda dar una forma e interpretación completa a las palabras que conforman el mensaje. Cuando la audición correcta no es utilizada es casi imposible comprender realmente el mensaje que está recibiendo, lo que, en consecuencia, puede generar o atraer el caos. En la gran mayoría de los casos el propio ego, para continuar ejerciendo su yugo y presentándole esa realidad ilusoria a la persona, desvía su atención para que esta no pueda interpretar el mensaje desde su comprensión interior con la cual podrá despertar y comenzar a darse cuenta de lo que realmente está ocurriendo en su propia vida.

Por otra parte, esta falta de comprensión trae como consecuencia que la persona pierda su visión a largo alcance, es decir, se encuentra impedida de poder ver venir las cosas, viviendo solo para satisfacer sus deseos del momento sin pensar en el precio que pueda pagar mañana. Esta forma de pensar conecta a la persona con su voluntad egocéntrica con la cual se le hará imposible elevarse por encima de las influencias astrológicas y, por ende, imposibilitará a la persona de crear realmente su propio destino.

Así como un conductor necesita tener esa visión de largo alcance para poder ser proactivo al volante, también una persona necesita esa visión para ser proactiva en el camino de su vida, ya que sin ella el viaje se haría muy incierto y si hay un obstáculo en la vía, se haría casi imposible poder aplicar la proactividad y esquivar, frenar o cambiar de rumbo, y lamentablemente el accidente que podía ser evitado termina sucediendo.

Al poco tiempo del fallecimiento de un sabio, un hombre preguntó a uno de los discípulos del fallecido sabio sobre qué era lo más importante para su maestro. El discípulo, después de una profunda reflexión, le dijo: «Cualquier cosa que él estuviera haciendo en el momento».

De ahí la importancia de abocarse a lo que se está haciendo en cada momento, y especialmente cuando se escucha a otra persona, para que así se pueda comprender de una manera profunda el mensaje que se está recibiendo. El no prestar la atención debida al hacer una actividad trae consigo estrés, ya que cuando se realiza más de una cosa a la vez o se hace algo poniendo la atención en otra produce angustia, una leve inseguridad y, en especial, una enfermedad muy común en estos tiempos, el estrés.

Por supuesto, así como hablar negativamente de otros trae como consecuencia una desconexión con todo lo bueno y positivo, como vimos en el mes de Aries, el escuchar hablar negativamente a otros también trae esa desconexión que tanto caos trae al mundo.

En este sentido, si el individuo no se permite escuchar cosas negativas, entonces esta tampoco podrá decirlas. La boca expresa por una parte lo que hay en el corazón de la persona, y por otra, lo que entra por sus oídos y sus ojos. Al escuchar palabras negativas la persona alimenta de una forma directa su ego, haciéndola insensible al efecto que tienen estas palabras negativas sobre los demás.

William Shakespeare dijo: «Prestad el oído a todos, y a pocos la voz. Oíd las censuras de los demás; pero reservad vuestra propia opinión».

La solución para evitar la mayoría de las tribulaciones y juicios severos que se manifiestan en el mundo, así como los problemas asociados con las relaciones interpersonales, puede ser el solo hecho de escuchar utilizando una «audición correcta».

Las puertas principales por donde entran el conocimiento y la sabiduría al individuo son a través de los oídos, por tanto, son un elemento de gran importancia en lo que a crecimiento personal, profesional y espiritual se refiere. El protegerlos toma una relevancia imprescindible en la vida de toda persona, ya que ellos representan un puente directo que conecta lo externo con lo interno.

En la antigüedad los sabios comprendían muy bien este concepto y cuidaban mucho lo que entraba por sus oídos. A continuación veamos una historia que muestra cómo un sabio protegía sus oídos para evitar exponerlos a algo que podía empañar su alma, su comprensión correcta y su visión de largo alcance.

Una vez, un joven discípulo llegó a casa de su maestro, un reconocido y sabio filósofo de la ciudad, y le dijo:

—Maestro, un amigo tuyo estuvo hablando de ti con malevolencia...

—¡Espera! —lo interrumpió el filósofo—. ¿Ya has hecho pasar por las tres rejas lo que vas a contarme?

—¿Las tres rejas?

—Sí. La primera es la verdad. ¿Estás seguro de que lo que quieres decirme es absolutamente cierto?

85

—No. Lo oí comentar a unos vecinos.

—Al menos lo habrás hecho pasar por la segunda reja, que es la bondad. Eso que deseas decirme, ¿es bueno para alguien?

—No, en realidad no. Al contrario...

—¡Vaya! La última reja es la necesidad. ¿Es necesario hacerme saber eso que tanto te inquieta?

—A decir verdad, no.

—Entonces —dijo el sabio sonriendo—, si no es verdadero, ni bueno ni necesario, enterrémoslo en el olvido.

Signo- Mazal: Leo - león

El león simboliza el encuentro que experimenta la persona con su fuerza cruda. Abrahán, el patriarca, fue siempre un buscador y esa búsqueda lo llevó más allá de su tierra. Fusionó el mundo del pensamiento con el mundo de la acción. Mientras otros pensadores de tendencias espirituales de la época se dedicaban a meditar profundamente, o se aislaban para alcanzar niveles elevados de conciencia, Abrahán vivía en una tienda en el desierto abierta por los cuatro costados y pasaba gran parte de su día picando vegetales, alimentando sus animales y sirviendo platos de comida a sus innumerables invitados. Porque eso de alcanzar un nivel de iluminación mientras se está aislado, es muy sencillo. Es muy fácil vivir en paz donde no se discute con nadie, pero ¿con quién se puede discutir si no se tiene a nadie alrededor con quien hacerlo?, por poner un ejemplo. El verdadero reto consiste en alcanzar la iluminación sin dejar de lado las responsabilidades naturales de un ser humano.

Pero ¿qué tenía Abrahán en mente? ¿Por qué dedicaba gran parte de su tiempo en vivir para servir y atender a otros?, ya que podemos estar seguros que no era un empresario del ramo hotelero en busca de una estrella adicional, o mucho menos una excelente puntuación en una web del ramo turístico.

Abrahán creía que el mundo del pensamiento, la emoción y la acción jamás debieron haberse dividido en tres mundos independientes, desconectados el uno del otro. Así, él manifestaba el amor por otros a través de sus actos. Llevó el concepto del amor incondicional al mundo de la acción con sus actos. Él, por una parte, pensaba, permitiendo que esos pensamientos manifestaran sentimientos, y esos sentimientos se materializaran en forma de acciones. Y por otra, actuaba para que esas acciones generaran emociones, y conseguía que estas emociones a su vez crearan pensamientos.

Era consiente de que el ser humano es lo que piensa y por otra parte que las acciones hacen corazones, ya que los actos cargados de bondad hacen y sostiene un corazón bondadoso y esos sentimientos de bondad a su vez crean pensamientos, cargados a su vez de esa bondad que colma el corazón.

Nunca dudó acerca del poder de Dios. Él había seguido a Dios desde Ur hasta Israel, Egipto y de regreso a Israel sin haber expresado nunca la más mínima duda. El tema que ocupaba al patriarca era en torno a su descendencia. El hecho de que él fuera proactivo, bondadoso, compasivo, y dispuesto a hacer sacrificios, no era una garantía de que sus hijos o sus descendientes no serían egoístas y reactivos.

En respuesta Dios le dijo: Tráeme tres novillas, tres cabras, tres carneros, una paloma y un pichón. Abrahán lo trajo todo. Los colocó en una roca que hacía las veces de altar, los partió por la mitad, y puso una mitad frente a la otra. Los pájaros no los partió. Cuando llegó el ocaso, Abrahán que estaba en una meditación profunda fue agobiado por un intenso y oscuro temor. Dios le dijo a Abrahán, que en ese momento aún se llamaba Abram: «Ten por seguro que tus descendientes serán extranjeros en una tierra que no es de ellos durante cuatrocientos años. Serán esclavizados y oprimidos...». Un horno humeante y una antorcha ardiente pasaron por entre las mitades de los animales. En ese día, Dios hizo un pacto con Abrahán diciendo: «A tus descendientes les he dado la tierra». (Génesis, 15:9-18).

Esto quiere decir que hay dos formas para lograr que el alma preserve la unión con su parte altruista y positiva, la cual tiene la facultad de manifestar todo lo bueno de los mundos superiores y espirituales en el mundo físico. Una es dejando que la experiencia permita manifestar esa voluntad o naturaleza altruista; lo cual generalmente es muy traumático y doloroso, ya que esta forma está basada en las tribulaciones y los problemas. La otra manera, y es la recomendada, es a través de ofrendas de sacrificios. No es necesario ver los sacrificios como algo arcaico, y mucho menos como una manifestación antigua de ignorancia y barbarie. La palabra en lenguaje bíblico para sacrificio es *Korban* que significa literalmente «un objeto que acerca algo».

En la antigüedad, la forma en que el yo animal (el ego) era elevado, consistía en ofrendar un animal que representaba, de cierta forma, el gemelo de la persona. Es decir, cuando se habla de sacrificios realmente no se está refiriendo al simple hecho de ofrecer un animal, sino al significado místico detrás de esta acción. Este acto es la ofrenda que hace la persona de su yo animal, de su ego. Es sacrificar la voluntad egoísta para permitirle emerger a la altruista.

Por otra parte, el león simboliza el poder suprarracional de la voluntad altruista del ser humano. El valor numérico de la palabra «león» en lenguaje bíblico es igual al de la palabra «poder». En este sentido, el rol de Leo en el mundo es comparable al del corazón en el cuerpo humano. Ambos tienen la responsabilidad de bombear y distribuir toda la energía que reciben (recibir para compartir = altruismo).

Hablando del corazón, a continuación se presenta una gran lección que enseña este órgano, que sirve para entender un poco más el rol de este mes de Leo en el calendario zodiacal. El secreto de recibir es dar. El corazón es el órgano del cuerpo qué más da, distribuye todo lo que recibe, y aun así es el que más tiene; hay que aprender del corazón; mientras más comparta la persona, más tendrá.

El poder del león es citado en el Talmud: «Sé fuerte como un león en el cumplimiento de la voluntad de tu padre en el cielo». Esto hace referencia a la conquista interior de los diferentes deseos, los cuales se manifiestan en reacciones descontroladas e impulsivas. La persona en todo momento debe esforzarse en sobreponerse y elevarse por encima de su reactividad y voluntad egoísta. Se espera que un individuo inteligente emocionalmente no reaccione apresuradamente y con urgencia, sino que tenga la paciencia de analizar las situaciones en términos de un contexto más amplio. La inteligencia emocional la alcanza un individuo cuando su voluntad altruista se sobrepone a la egoísta.

La persona es su voluntad, y esa voluntad está determinada por la intención de sus deseos, los cuales pueden tener un origen egoísta o altruista.

El ser humano fue particularmente bendecido con un don único y especial, el cual lo hace diferente de todas las demás formas de existencia presentes en la creación, este don es conocido como el libre albedrío. Esta libertad de decisión brinda la oportunidad al individuo de elevarse por encima de las influencias astrológicas y alcanzar su perfeccionamiento humano a través de los actos, sentimientos y pensamientos que este manifieste en cada instante de su vida. El dilema llega en el momento de ejercerlo, ya que con esa libertad de decisión la persona puede potenciar su naturaleza egoísta, la cual la hace susceptible a las influencias astrológicas, o a la altruista, con la cual puede elevarse de dichas influencias para crear su propia suerte y destino.

A nivel superficial la persona siempre podrá ver, en el momento de realizar una elección, cómo se le presentan un abanico de posibilidades, que parece ser más amplio a medida que eleva su conciencia. Pero en un nivel más profundo realmente no es así, ya que en cada situación solo existen dos posibles acciones: una proactiva que está relacionada directamente con la voluntad altruista del alma y otra reactiva que está asociada con la voluntad egoísta del ego y, por ende, hace a la persona susceptible a las influencias astrológicas emanadas desde el cosmos, con lo cual esta no podrá cambiar ni su suerte ni su destino como tampoco sus rasgos de personalidad, con lo cual la superación personal, profesional y espiritual se escapará de su alcance. Si, por el contrario, la persona logra conducirse de acuerdo con la voluntad altruista de su alma (deseo de recibir para compartir con otros), en la cual el bien colectivo siempre va a prevalecer por encima del bien particular, esta tomará de manera poderosa las riendas de su vida y de su destino teniendo el privilegio de reescribirlo y mejorarlo en cada instante de su existencia con cada una de sus elecciones.

La energía presente en este mes brinda la oportunidad de desarrollar la habilidad para liberarse de la búsqueda de la aprobación de los demás, ya que el necesitar la aprobación de otros es uno de los obstáculos más grandes al cual se enfrenta la persona en su labor de alcanzar su desarrollo personal, emocional y espiritual. Como dijo R. Najman de Breslov: «Esfuérzate en no necesitar de la aprobación de nadie y serás libre de ser quien realmente eres».

Es un mes donde es necesario que la persona se ocupe de otros. Hay que hacer esfuerzos para dejar de creerse el centro del universo, con el firme propósito de lograr minimizar el orgullo. Cuando la persona logra minimizar su orgullo automáticamente florece su humildad, un ingrediente imprescindible para alcanzar iluminación y autorrealización.

La energía de este mes es tan fuerte que puede construir o destruir al ser humano, todo va a depender de la persona, ya que si esta se deja controlar por la voluntad reactiva de su ego, sin duda se destruirá y si no estás muy convencido de ello, echa un vistazo atrás y date cuenta de cuántas buenas oportunidades has perdido en tu vida por ser reactivo y por dejarte llevar por tus impulsos egoístas, prepotentes u orgullosos; cuántas relaciones, negocios o trabajos destruiste simplemente por ser reactivo. Este es un mes para mitigar el orgullo y hacer que florezca la humildad.

Este mes abre una puerta para que la persona pueda alcanzar los máximos niveles de iluminación y perfeccionamiento humano, y pueda conectarse de una manera potente y sencilla con su voluntad altruista, para así lograr transformar los niveles más bajos de su existencia humana en superiores, o las cualidades limitativas que lo defienden en positivas que la puedan potenciar, permitiéndole ser una mejor persona cada día. Es un tiempo donde se puede hacer un cambio radical de la realidad transformando las dificultades en oportunidades y la oscuridad, en luz. En este tiempo toma lugar una energía cargada de un potencial dual, el cual puede construir o destruir.

Astro regente: el Sol

Este mes está regido por el Sol, por ello hay una fuerte tendencia a que la persona crea que, al igual que los planetas giran alrededor del Sol, todo el entorno de la persona gire a su alrededor. El trabajo en este mes es romper con esa influencia astrológica de creerse el centro del universo, mitigando el orgullo y la prepotencia para conectarse con la humildad.

El Sol lleva luz, calor y vida a cada uno de los planetas; sin el Sol la vida orgánica no sería posible. En el día 15 de este mes de Leo, cuando hace su aparición la Luna llena, ocurre algo muy particular: tanto el Sol como la Luna están llenos (la Luna está llena cada quinceavo día de cada mes astrológico y el Sol siempre está lleno, pero aquí se está refiriendo a que como el astro que rige el mes de Leo es el Sol, en este mes en particular emana toda su influencia astrológica hacia la Tierra; por esto se dice que tanto el Sol como la Luna están llenos en este día). De la misma forma que el Sol, aspecto masculino del universo, y la Luna, aspecto femenino, presentan esta armonía y este estado de satisfacción plena el día 15 de este mes, también la persona puede llevar esa armonía y satisfacción a su propia vida, a su hogar, su lugar de trabajo, su comunidad, su municipio, su ciudad, su país y al final de la jornada estará llevando esa armonía al mundo entero. Cuando la Luna llena del mes de Leo refleja la luz del Sol, se recibe una energía muy especial con la cual se puede «proyectar luz», esa energía va a permitir emanar y manifestar todo lo bueno y positivo existente en el universo convirtiendo a la persona en un canal de bendiciones y de buena vida con lo cual armonizar su mundo. Con esa armonía la persona logrará manifestar esas mejoras que tanto su entorno, como ella misma, ha esperado.

Esta peculiar energía brinda, por un lado, la fortaleza para vivir y para dar y amar incondicionalmente, y por otro, la fuerza para manifestar la voluntad proactiva y altruista. En tiempos antiguos, era un día en que se concertaban bodas y se celebraban nuevos comienzos. Empezar de nuevo es algo muy importante en la vida de toda persona, ya que nadie puede volver atrás y cambiar el pasado, pero todos pueden comenzar ahora y cambiar el futuro. Es un tiempo en el que comenzamos nuevamente, expresando nuestro potencial, expresando quien podemos ser.

Sentido: audición

Escuchar significa en lenguaje bíblico «entender»; es integrar totalmente dentro de la propia conciencia (dentro del corazón, no solo entender intelectualmente con la mente). Escuchar a otro es entender completamente su dilema y solidarizarse con él. Escuchar es recibir. El no escuchar íntegramente es la fuente de toda caída y destrucción.

El sentido de la audición es el del balance interior, la base de la existencia rectificada. (El desbalance es la fuente de toda caída y destrucción.) Un oído bien equilibrado, un sentido de la audición bien orientado, posee la habilidad de discernir y distinguir la verdad y la falsedad entre todo lo que uno escucha, como está dicho (Job 12:11 y 34:3): «El oído discierne las palabras cuyo acróstico forman la palabra verdad». Un oído balanceado tiene la capacidad de discernir entre lo falso y temporal (1%) y lo real y eterno (99%).

Hablar es un acto voluntario, pues se puede elegir si hablar o no, mientras que el acto de escuchar funciona independientemente de nosotros. No basta con cuidar la boca, también los oídos deben ser protegidos. No todo debe oírse, porque lo que escuchemos puede dañar nuestra alma.

Para la autorrealización es muy importante tener conciencia de lo que se escucha diariamente y en especial la música, ya que a través de ella la persona está dando al mensaje, y a la intención de este, acceso directo a su alma, con lo cual es posible crear unas nuevas prioridades, principios y valores, los cuales pueden estar muy alejados de su naturaleza altruista y constructiva y más cerca de su naturaleza egocéntrica y reactiva. El oído funciona independientemente de la persona, y aunque su voluntad sea no hacerlo no puede evitar el escuchar, a menos que se tape los oídos o se aleje de lo que está escuchando con el propósito de no continuar haciéndolo.

Reflexionemos por un momento... Muchas veces cuando somos proactivos y actuamos después de haber analizado nos hemos encontrado en circunstancias donde nos decimos a nosotros mismos o a otros: «Mejor no lo digo, prefiero callar». Pero ¿en cuántas circunstancias recordamos haber dicho: «Disculpe, señor, con el respeto que usted se merece, lo siento, pero no estoy dispuesto a oír lo que tiene que contarme»?.

Para ilustrar un poco lo descrito vamos a revisar una historia en la cual un gran sabio, el cual fue conocido por ser un vigilante de las palabras que salían de su boca y las palabras que entraban a sus oídos, enseña la importancia de cuidar lo que entra a nuestra alma a través de nuestros oídos.

En cierta ocasión, el Jafetz Jaim regresaba a su casa. Este sabio viajaba en un carruaje tirado por caballos. En mitad del camino observó a un hombre que caminaba sin descanso, como alguien que se empeña en llegar a un sitio importante. El sabio solicitó al conductor del carruaje que se detuviera por un momento junto al caminante.

—¿Tal vez usted camina en nuestra misma dirección? —le preguntó el Jafetz Jaim al hombre agotado—. Quizá podríamos acercarlo.

—Muchas gracias —dijo el hombre, sorprendido—. Marcho en dirección a Radín. Voy a conocer al gran sabio, al famoso Jafetz Jaim.

El hombre, extrañado por el gran gesto del sabio, y sin reconocerlo, subió al carruaje y se acomodó en un rincón. Por fin podría descansar del calor agobiante y de la interminable caminata. Mas apenas se había sentado, el sabio le preguntó:

—¿Acaso haces todo este esfuerzo de caminar y viajar solo para conocer al Jafetz Jaim? Te aseguro que no vale el esfuerzo. ¡No es tan grande ni tan sabio como crees!

—¿Por qué no te callas de una vez? —dijo el hombre interrumpiendo el comentario del sabio—. Estás hablando mal acerca de un gran justo, de un gran sabio.

—No —insistió el humilde Jafetz Jaim con la intención de convencer al hombre de que no realizara semejante esfuerzo para conocerlo. Te aseguro que el Jafetz Jaim no tiene el nivel que le adjudicas.

Ahora sí, al escucharlo, el hombre, enfurecido, se levantó y golpeando al Jafetz Jaim saltó del carruaje y continuó indignado su viaje a pie, en dirección a Radín.

Al día siguiente, cuando el hombre se presentó a la puerta de la casa del Jafetz Jaim, reconoció al hombre del carruaje e inmediatamente comprendió su error. ¡Había golpeado al propio Jafetz Jaim!

Entonces, temblando y llorando, se arrodilló ante el sabio y le solicitó que lo perdonara.

—No tengo absolutamente nada que perdonar —agregó el Jafetz Jaim—. Por el contrario, he aprendido gracias a ti que no solo está mal hablar negativamente acerca de los demás, sino que tal prohibición incluye al hablar mal acerca de sí mismo, como también me has enseñado que debemos evitar a toda costa el escuchar hablar mal de otros como tú lo has hecho. He sido castigado por mi culpa y no por la tuya.

En conclusión: los grandes sabios y místicos cuidaban su boca para no hablar mal de nadie ni de nada. Ni de personas ni de objetos, ya que eran completamente conscientes de que todo pertenecía a la obra de creación y que si estaban presentes alguna misión están cumpliendo. Pero también eran cuidadosos en vigilar lo que entraba por sus oídos ya que no estaban dispuestos a dañar de ninguna manera su alma.

Órgano controlador: el riñón Izquierdo

El «consejo» dado por el riñón izquierdo es cómo escuchar correctamente e integrar la verdad en la conciencia.

De acuerdo con la sabiduría transmitida por los eruditos místicos de la Biblia, derecho es siempre más espiritual que izquierdo, el sentido de pensar (del mes de Tauro), controlado por el riñón derecho, es relativamente más espiritual que el sentido de escuchar, controlado por el riñón izquierdo.

Los dos riñones son los consejeros del alma; el aspecto masculino, representado por el dar y el aspecto femenino, representado por el recibir. Los riñones actúan de forma similar a la conciencia. El derecho aconseja cómo rectificar nuestros rasgos de carácter a través del proceso de la cuidadosa introspección (el sentido del pensamiento del mes de Tauro). Y el izquierdo aconseja cómo absorber e integrar la verdad en la conciencia (el sentido de la audición del mes de Leo).

Los riñones indican la libertad de elección del hombre o su libre albedrío, su capacidad de elegir lo correcto de lo incorrecto; en otras palabras, su capacidad de elegir entre dejarse llevar por su voluntad reactiva y egocéntrica o actuar desde su voluntad proactiva y altruista. Así como los riñones reciclan lo útil y expulsan el desperdicio, de la misma manera cada individuo elige y utiliza lo que es bueno y rechaza lo que no es bueno para sí. Es muy importante que siempre tengamos presente que una cosa es lo que queremos, algo que generalmente viene desde nuestro ego, y otra lo que debemos, que generalmente proviene de nuestra alma, ya que está asociado con la responsabilidad.

La actividad espiritual de los riñones sigue el patrón de lo físico, es decir, los consejos que puedan dar estos van a estar relacionados con la realidad física del individuo. De ahí la importancia de elevar nuestra realidad espiritual, ya que al hacerlo nuestra realidad física también se elevará y podremos tener acceso a consejos más ennoblecidos y altruistas. Para que el individuo obtenga la verdad de modo tal que sus riñones le aconsejen adecuadamente, es imprescindible tener acceso a la sabiduría. Es como si buscamos consejos de un especialista financiero sobre temas de finanzas, este puede darnos buenos consejos pues el conocimiento financiero está dentro de él; lo mismo ocurre con los riñones, para que puedan darnos buenos consejos que nos apoyen en nuestra autorrealización es necesario tener acceso al conocimiento a la sabiduría.

Trabajo de perfeccionamiento interior para el mes de Leo:

- Afronta situaciones que pongan a prueba tu orgullo.
- Evita querer ser siempre el centro de atención y sobre todo baja de esa nube que te hace pensar que el mundo gira

alrededor tuyo, aterriza y recuerda que estas aquí para servir a otros y en ningún caso para que otros te sirvan a ti.

* Deja tu orgullo de lado y cultiva la humildad y la modestia en todo momento.

* Sé humilde. Ser humilde no quiere decir que andes desaliñado por la vida o que seas menos que otros, sino que, por el contrario, debes ser consciente de que eres un ser especial y aun sabiendo tu grandeza, actuar de forma modesta valorando y honrando a cada quien y no sentirte por encima de nadie entendiendo que estás para apoyar y servir a otros; pero lo más importante de esa cualidad de humildad que debes cultivar este mes es que necesitas reconocer tus errores y disculparte cuando sea necesario hacerlo.

* Fortalece tu voluntad altruista y tu manera de escuchar (escuchar el mensaje y no al mensajero). Lo que nos ocurre en la vida es solo la consecuencia de una causa que de forma consciente o inconsciente creamos nosotros mismos. Muchas personas tienden a ser como un perro al cual se le pega con un palo, cuando ven el palo solo sin la mano que estaba detrás, salen corriendo a morder el palo; o cuando viene un señor a cortar la luz por falta de pago, muchos arremeten contra este empleado, olvidando que ellos están cumpliendo con su trabajo y que detrás de ello está la compañía que le ordenó cortar la luz. Olvidamos que dejamos de pagar la luz y por esta razón la vienen a cortar. Este mes escucha lo que las personas a tu alrededor dicen sin tener en cuenta quién lo dice ni cómo lo dice, escucha solo el mensaje. Esto me hace recordar un chiste que escuché una vez en el cual un hombre le dice al otro: «Mira, imbécil, dejaste la llave abierta y tu casa se está inundando, si no te apuras lo más probable es que pierdas hasta los aparatos electrodomésticos», y este no le hace caso porque se le dirigió de mala manera. Muchas veces por prestar atención al mensajero y no al mensaje

perdemos grandes oportunidades de autorrealización en muchas áreas de nuestra vida.

- Sé proactivo. Esto quiere decir que no actúes sin pensar. Analiza y actúa, ya has perdido bastante por actuar sin pensar en la vida. Piensa antes de hablar, recuerda que «Un tonto dice lo que sabe y el sabio sabe lo que dice».
- Reconoce los valores de las personas que están a tu alrededor. Cuando te permitas ver lo positivo que hay en los demás automáticamente lo identificarás en ti mismo.
- Evita ser controlador.
- Usa tu energía para apoyar a los demás, no para dominarlos ni mucho menos pisarlos.
- Utiliza tu liderazgo para crear líderes, no para crear seguidores.
- Muestra más empatía hacia los demás y busca en todo momento entender su punto de vista. Sé sensible a los sentimientos de los demás.
- Este mes elige aprender una lección de cada persona con la que compartas. Debes darte cuenta de que puedes aprender de todos. Como dice el Talmud: «¿Quién es sabio? Aquel que puede aprender de todos».

La acción de juzgar no define a la persona en cuestión sino que define a aquel que juzga.

Agosto. Tomando acción

Signo o Mazal: Virgo
Símbolo que lo representa: Virgen
Período: agosto-septiembre
Nombre bíblico del mes: Elul
Letra del alfabeto bíblico que lo representa: «Y» (yud)
Elemento: tierra
Astro regente: Mercurio
Color: rojo
Parte del cuerpo que lo representa: los intestinos
Tribu bíblica que lo representa: Gad
Piedra correspondiente para este mes: Amatista
Sentido: la acción
Órgano controlador: la mano izquierda

Virgo es el sexto de los doce meses del calendario bíblico y astrológico. Este mes es llamado de tres maneras diferentes: el mes del arrepentimiento, el mes de la misericordia y el mes del perdón.

Elul en lenguaje bíblico significa «investigar». Es un mes con una energía propicia para que la persona pueda hacer introspección y buscar dentro de sí mismo con el propósito de encontrar lo que realmente busca su alma, que no es otra cosa que cumplir con el propósito por el cual ha nacido (rectificar la voluntad egoísta a través del servicio y amor incondicional hacia otros). La bendición más grande que puede recibir una persona es que se le muestre cuál es su lugar en este mundo, es decir, el conocimiento de la misión por la cual ha nacido.

Es un tiempo que trae consigo una fuerza de renovación que puede brindarle al individuo una experiencia de renacimiento. Es un momento para dejarlo todo atrás y comenzar de nuevo a través del poder de la acción. Esta es la cualidad que diferencia un soñador de un realizador, ya que el sonador solo se queda con las buenas intenciones de las decisiones tomadas para mejorar; en cambio un realizador es aquella persona que da un paso más, ya que decide actuar. La acción es lo que en realidad produce verdaderos cambios: a través de la acción se integran los de la acción y los del pensamiento.

Por tanto, el mes de Virgo es propicio para remover todas esas barreras limitativas que impiden avanzar en la vida alejando a la persona del éxito, la prosperidad, la salud, el amor, etc.

Virgo es el mes del balance espiritual, es un momento para inspirarse con un nuevo entendimiento de cómo rectificar las acciones pasadas para recrear un futuro nuevo y mejor. Así como los primeros doce días del mes de Aries están relacionados con los doce meses del año astrológico, este mes de Virgo tiene la fuerza de poder influir en los próximos seis meses; es como cuando en las finanzas de una compañía, después de hacer el presupuesto anual, este es revisado a los seis meses para ver cómo van las estimaciones, y de discrepar a lo presupuestado al comienzo del año, aplicar todas las correcciones que sean necesarios.

En tal sentido, este mes debe estar orientado a hacer una fuerte autoevaluación en donde se considere si el rumbo que está tomando la vida es el que trae mayor grado de satisfacción interior, y de no ser así, tomar todas las decisiones y acciones con las cuales hacer un cambio de rumbo que permita reescribir el destino.

Por otra parte, este mes tiene la bondad de hacer entender que el primer paso hacia la rectificación o perfeccionamiento del ser y el mejoramiento de la realidad exterior es la introspección fervorosa en busca de las verdaderas motivaciones que hay detrás de los esfuerzos en la vida, ya que la intención que se tenga presente a la hora de ejecutar las acciones determinará el resultado final de las manifestaciones, es decir, que la persona debe concienciarse en que la intención con la cual realice algo va a ser determinante en el resultado de dicha acción. Es un tiempo de autoanálisis donde se busca sacar a flote la verdadera intención de las acciones con las cuales se realizan las cosas, y observar si la voluntad tras esos esfuerzos corresponde a la voluntad egoísta y reactiva del ego o por el contrario nace desde la voluntad altruista y proactiva del alma.

El perfeccionamiento como seres humanos y la autorrealización son iniciados cuando el individuo comienza a tomar conciencia de la existencia de sus voluntades internas, las cuales motivan y dirigen sus esfuerzos. Al evaluar este escenario interior entre el egoísmo (ego) y el altruismo (alma), la persona puede concientizarse de que el verdadero deseo y poder motivante que la hace realizar las cosas es siempre hacer el bien. Al comprender esto comienza a esforzarse en materializar en el plano físico los deseos más íntimos de su alma.

Nombre bíblico: Elul

El acrónimo de la palabra «Elul», nombre bíblico que describe al mes, está descrito en el poema bíblico El Cantar de los Cantares en donde dice: «Yo para mi amado y mi amado es para mí». Este poema contiene muchos secretos guardados repletos de sabiduría en cada uno de sus capítulos, estrofas, palabras, letras y señales. Cuando la persona realiza el sacrificio de entregar su ego, con todos sus deseos, esta podrá acceder a la fuente de todo lo bueno y positivo que existe en el mundo.

La energía presente en este mes es propicia para, por una parte, reparar las diferentes áreas que compone la vida, como la familiar o laboral; y por otra, rectificar los aspectos de la personalidad que originan en los cuales no se sienta totalmente satisfecho. Pero este importante proceso de reparación solo se consigue a través de la acción, de la «acción correcta», y para lograrlo es necesario poner en práctica todo el conocimiento que se ha acumulado hasta ahora.

Una vez estaba impartiendo un seminario y mencioné la palabra bondad, y uno de los participantes se me acercó y me preguntó: «¿Podría explicarme que es la bondad?». Y yo le contesté: «La bondad no es otra cosa que el alma puesta en acción». Por eso la importancia de los esfuerzos que realiza el individuo en su crecimiento personal, y en especial, el esfuerzo que hace en conectarse con su naturaleza altruista, es a través de estos esfuerzos que la persona logra poner su alma en acción, lo que traerá como resultado un mundo donde la bondad esté presente en cada una de las acciones de todas aquellas personas comprometidas en mejorar el mundo.

Como ya se ha mencionado, Virgo es un mes de introspección y autoanálisis, que juntos implican explorar detenidamente aquello que ha ocurrido durante los diez meses que le preceden. Es un tiempo de sentirse profundo, donde se busca un encuentro genuino consigo mismo. Un momento para modificar actitudes y decisiones para los próximos meses. Un tiempo donde la persona puede volver a ser ella misma regresando a sus mejores sueños, a sus eternos y generosos pensamientos; pero en pos de un objetivo personal y a la vez común, «dejar algo trascendente para las futuras generaciones»; trabajar en el legado. Entregar algo desde nuestro corazón para bien de los demás; para que sea absorbido por sus hijos y los hijos de sus hijos; para así suavizarles el camino y regalarle a la humanidad una propuesta diferente, una base moral que fue heredada de sus ancestros y que cada generación usó, modificó y se le entregó para continuar la tarea de mejorar el mundo entregando un mundo mejor que el que se recibió.

La labor de corregir los rasgos de la personalidad en los meses previos prepara a la persona para entrar en un resurgimiento interior, donde todas las condiciones cósmicas están servidas para el rediseñar el rumbo de su vida.

Virgo es conocido como el mes del retorno, donde el objetivo de este tiempo es concentrarse en manifestar la acción correcta.

Es un tiempo para que el individuo realice un balance interior acerca de la forma como se ha conducido y lo prepara espiritualmente para presentar su nuevo proyecto de vida, su legado.

Color: rojo

El color rojo está asociado con la sangre, y por un lado simboliza la fortaleza que necesita tener la persona para controlar sus deseos egoístas y reactivos, descrita en la expresión del Talmud en su tratado de *Pirkei Avot*: «Quién es valiente, quien conquista sus deseos». El rojo simboliza el poder de «parar», de poner un alto a los eventos o cualidades que no benefician a la persona para llevarla a la rectificación y a una genuina conexión con sus deseos altruistas. Pero por otro lado, el rojo simboliza el calor y la fuerza de las creencias y programaciones que tienen lugar en el subconsciente del individuo, las cuales generan una energía que cataliza toda intención o movimiento.

Signo-Mazal: *Betulá* (Virgo - Virgen).

La palabra *betulá* aparece por primera y única vez en la Biblia al describir a la matriarca Rebeca, antes de su matrimonio con Isaac. Y viene a representar ese estado de inocencia y apertura en el cual el ser humano busca esa conexión con su creador.

Betulá también significa «tierra». Aquí la tierra está representada por ese lugar, por ese espacio donde hacen vida los seres humanos, es decir, su mundo. Un mundo donde abunden la paz, la abundancia y el amor.

El deseo de alcanzar una inocencia renovada está expresada en el signo de este mes, Virgo, una joven.

El mes de Virgo al igual que el de Géminis está regido por el planeta Mercurio. A Mercurio se le vincula con la comunicación, con la inteligencia y con la unificación entre las dimensiones físicas y metafísicas o espirituales. Mercurio es el planeta más cercano al Sol, por tanto, es que realiza más rápido su movimiento de traslación. En el plano espiritual la cercanía física es un indicador de semejanza en lo relacionado con la esencia; por ello muchas de las características del Sol se reflejan en Mercurio.

Sentido: la acción

La cualidad de este mes es la acción, que en el lenguaje bíblico también significa «rectificación» (reparar algo). La acción es el sentido y conocimiento interior por el cual el ser humano es capaz de rectificar cualquier imperfección o estado de quiebre de su propia alma por medio de actos llenos de bondad.

Existe un refrán popular que dice que: «Las acciones hacen corazones», esto significa que a través de las acciones la persona puede influir y despertar sentimientos y emociones en su corazón, que a su vez influirán en sus pensamientos, para finalmente influir y manifestarse en su realidad externa.

La persona que logre corregir sus acciones puede tener la certeza de que su nivel de abundancia material y espiritual aumentará notablemente, ya que los problemas económicos que experimenta están íntimamente relacionados con sus acciones. Cuando una persona está en apuros económicos es una señal que necesita corregir sus acciones; rectificando sus actos y su forma de proceder, logrará corregir cualquier problema económico que esté atravesando en su vida.

Explica el Libro del Génesis que el hombre fue lo último creado por Dios. Y este fue creado a su imagen y semejanza, por tanto, el ser humano heredó de su creador el poder de crear; a esto se refiere la acción en este mes, al poder esencial del hombre que le distingue y eleva por encima de las demás criaturas, dándole el poder de actuar por encima de su naturaleza instintiva y egoísta para reparar o rectificar para convertirse en el verdadero arquitecto de su vida, creando y manifestando la realidad que él desea para su vida, para su entorno y para su mundo.

Órgano controlador: la mano Izquierda

Las manos corresponden al límite externo de la persona, es decir, representan las limitaciones generales del potencial de la persona.

La mano izquierda subordinada a la derecha representa el poder de realización o de manifestación del ser humano. La mano derecha (la más espiritual de las dos manos, la dimensión interna y espiritual de la realidad) controla el sentido de la vista, mientras que la mano izquierda (más física) controla el sentido de la acción. Es la mano izquierda la que está asociada al lado del corazón; esto viene a representar que toda acción rectificada proviene de las buenas intenciones y emociones del corazón de la persona.

Trabajo de perfeccionamiento interior para el mes de Virgo

- Debes esforzarte particularmente en separar el sentimiento de los hechos que puedan presentarse en el día.
- Evita ser severo y crítico contigo mismo y con los demás.
- Esfuérzate en ser paciente y tolerante.
- Sé proactivo.
- Aprende a aceptarte a ti mismo y a los demás tal como son, con sus defectos y sus virtudes (comprensión).
- Busca lo bueno y lo positivo en todo, en cada persona y en cada situación que se te presente en el día de hoy.
- Esfuérzate en poner orden en tu propio desorden y apoya a otros para que también puedan encontrar ese orden en sus vidas, pero recuerda de no invadir su intimidad (espera recibir su permiso).
- Recuerda que nadie es totalmente perfecto, pero las personas que están en tu entorno y las situaciones que puedan presentarse en este día son totalmente perfectas para ti (están ahí para apoyarte en tu superación personal).

- Procura entender, no juzgar (el no juzgar, el día de hoy, es clave para rectificar la naturaleza reactiva de nuestro ego). Recuerda que el que juzga no está definiendo a otra persona sino se está definiendo a sí mismo.

- Percátate de que no puedes controlar lo externo, solo puedes controlar lo interno (a ti mismo). Despréndete del deseo de controlarlo todo.

- Recuerda que para que una crítica sea constructiva debe ir dirigida al acto y no a la persona.

Nadie le tira piedras a un árbol que no da frutos. La crítica realmente es un obsequio que se transforma en una oportunidad para mejorar.

Septiembre. Practicando el equilibrio

Signo o Mazal: Libra
Símbolo que lo representa: balanza
Período: septiembre-octubre
Nombre bíblico del mes: Tishré
Letra del alfabeto bíblico que lo representa: «L» (lamed)
Elemento: aire
Astro regente: Venus
Parte del cuerpo que lo representa: los riñones
Tribu bíblica que lo representa: Efraím
Piedra correspondiente para este mes: ónice
Sentido: el tacto
Órgano controlador: la vesícula biliar

Libra es el séptimo de los doce meses del calendario bíblico y, por ende, de la rueda zodiacal. Por ello la cultura grecorromana le puso el nombre de septiembre, ya que este viene de séptimo. Con este mes se inicia el período del otoño. Libra es conocido también como el mes de la fuerza, ya que en él se encuentra encapsulada una particular energía que permite al individuo seguir adelante y comenzar de nuevo con una renovada fuerza interior.

Es un tiempo en el cual es posible observar al mundo desde dentro hacia afuera, desde su corazón espiritual. En este mes se trabaja el «sentimiento correcto». El sistema pesa y evalúa los pensamientos, sentimientos y acciones del individuo, a través de la ley universal de causa y efecto, y en función de esto se determina cómo serán distribuidas las bendiciones y oportunidades a lo largo del año. Esto está reflejado en la figura que representa al signo de Libra, la balanza. La nueva inocencia que se ha introducido durante el mes de Virgo, llega ahora a su realización a través de la sucesión de un mes cargado de una potente fuerza espiritual. Libra es entonces el mes de la unión marital entre la fuente de todas las bendiciones, lo bueno y positivo, y el hombre. Por otra parte, la palabra *siete* está conectada directamente con *saciado*, y es por ello que el mes de Libra es también conocido como «el más saciado de todos los meses».

Cada año, en el primer día del mes de Libra, conocido en las fuentes bíblicas como Rosh HaShana o Cabeza del Año, entra una nueva luz intelectual al mundo, abriendo la mente de las personas para que de esta manera puedan ver lo que vio Adán. Se dice que Adán a través de esta luz o entendimiento podía ver el mundo de un extremo a otro, algo así como una visión de rayos X. Este es un día propicio para evaluar quiénes somos, hacia dónde vamos, y hasta qué punto estamos viviendo nuestras vidas como verdaderos seres humanos y de esta forma podemos redimensionarnos y presentarnos con un plan de vida renovado, el cual incluya nuestro legado para nuestros hijos y las futuras generaciones.

Los primeros diez días del mes de Libra se encuentran llenos de una energía tan potente que puede apoyar a la persona a corregir el pasado, con lo cual podrá crear un nuevo futuro, y dejar de ser de una vez y para siempre víctima de su propia vida y del destino marcado por los astros y sobre todo marcado por sus acciones pasadas.

El mes de Libra es conocido en las fuentes bíblica como *Tishrei*, el cual puede permutarse, y formar la palabra *Reishit* que en lenguaje bíblico quiere decir «comienzo». Es un buen momento para comenzar cosas, que pueden ir desde un negocio hasta un cambio en nuestra conducta o en nuestros rasgos de carácter. Es tiempo de dejar el pasado atrás y comenzar de nuevo. Y recuerda que nadie puede cambiar el pasado, puesto que ya pasó y el efecto de lo que causamos allá atrás, lo vemos día a día en nuestro presente. Lo que sí podemos hacer es comenzar de nuevo y con ello crear un nuevo final, un nuevo mañana, un nuevo futuro.

La energía de este mes empuja al hombre a ponerse en su centro, ya que es el mes de su creación. Es el mes del juicio, por lo tanto la energía de este mes nos ayuda a dilucidar hasta qué punto vamos por el camino correcto. La energía de Libra tiene la peculiaridad de que nos ayuda a permanecer fieles a nuestros compromisos con nuestro mundo, nuestra misión o razón del nacer.

Todos en algún momento de nuestras vidas le hemos hecho daño a otros, bien sea consciente o inconscientemente, y también hemos sido dañados, pero en realidad nunca nada llegó a tocar jamás nuestra alma, solo lo más superficial, el ego, el cual es esa parte de nosotros que alberga todas esas emociones negativas. Es el ego el que en realidad se siente de alguna manera herido, ya que lo esencial siempre permanece intacto, y este comienza a crear bloqueos o murallas que de alguna manera comienzan a separarnos de nuestra verdadera esencia. Cuando se levantan estas murallas y se producen estos bloqueos, el hombre comienza a perder su poder creativo, su libre albedrío y su capacidad de ser el arquitecto de su propia vida. Es así como la persona comienza a sumergirse en un foso sin fondo donde se manifiesta su naturaleza reactiva y egocéntrica y convierte alguna(s) área(s) de su vida personal o profesional en un caos. Perdonar, pedir perdón y perdonarnos es una tarea que está íntimamente ligada con la energía de este mes.

El perdón es esa acción que nos permite romper con todas las leyes naturales para así elevarnos por encima de ellas y poder realmente ejercer nuestro libre albedrío de una manera absoluta, con lo cual podemos convertirnos en los arquitectos de nuestros destinos y dejar de ser de una vez y para siempre la víctima de los eventos o las circunstancias que ocurrieron en nuestras vidas. El perdón permite cambiar nuestro destino emocional rompiendo las cadenas programáticas que nos mantienen atados al pasado y sanar hacia arriba (nuestros ancestros) y hacia abajo (nuestras generaciones). Con el perdón podemos erradicar el mal de nuestro mundo; recordemos que la única forma de terminar con el mal que existe en el mundo es devolviendo bien por mal, solo así podremos crear una energía diferente a la ya manifiesta en nuestro mundo.

Letra que lo representa: Lamed (L)

Este mes está gobernado por la letra Lamed (L), la primera letra de la palabra *lev*, que en lengua bíblica quiere decir «corazón», por tanto tenemos que *lamed* significa «corazón». Esta es la única letra del alfabeto bíblico cuya figura asciende por encima del límite superior de las letras, hecho que simboliza la oportunidad sublime que la energía de este mes brinda a la persona de levantarse desde los más bajos niveles de la escala espiritual, donde se encuentra debido a su naturaleza egoísta, al más alto nivel espiritual. Esta elevación puede ser experimentada por el individuo a través del arrepentimiento por sus acciones cargadas de egoísmo y la rectificación de su corazón. Esta letra es una de las dos letras centrales del alfabeto hebreo o bíblico, con lo cual también se quiere expresar que este mes marca el final de la primera mitad del año astrológico, que comienza con el mes de Aries, y a su vez establece el principio de la segunda mitad. Por tanto, este mes de Libra es considerado el corazón del año, así como el corazón de la persona recibe y distribuye, este mes también recibe y distribuye la energía espiritual para todo el año.

Astro regente: Venus

Libra está gobernado por el planeta Venus. Es el planeta que gobierna el amor, las parejas, el dinero y el arte, por ello la influencia de Venus en este mes despierta romanticismo, sensibilidad, amor y oportunidades para los negocios en las personas. Este planeta está interrelacionado de manera directa con la emotividad del alma en la persona y esta influencia produce el despertar de la pasión y el amor; así, en este mes abundan el amor y la pasión. Como ya explicamos en el mes de Tauro, el cual al igual que Libra está regido por Venus, este planeta presenta un movimiento excepcional, ya que se mueve de izquierda a derecha.

Desde un punto de vista espiritual este movimiento expresa una trayectoria del juicio a la misericordia, ya que en la dimensión espiritual la derecha representa el dar y la misericordia y la izquierda el recibir y el juicio. Este mes brinda la oportunidad de esclarecer cosas que hasta hoy permanecían ocultas. La influencia de Venus en este mes provoca mucha incertidumbre e indecisión.

Signo: Libra (*moznaim* - balanza)

La balanza viene a representar el juicio divino. En la antigüedad fue usada para colocar objetos para ser pesados. La idea de la balanza es que toma dos cosas opuestas y diferentes, para así comprobar la diferencia entre ellos.

En este mes el universo se convierte en una gigantesca balanza que lleva a cabo esta misma acción de pesar, pero esta vez a un nivel metafísico. Primero pesando para luego evaluar todas las acciones de la persona, tanto las buenas, relacionadas directamente con las realizadas desde su voluntad altruista, y las otras relacionadas con la egoísta en donde solo prevaleció la voluntad del ego. La raíz etimológica de la palabra *moznaim*, en lenguaje bíblico, viene de la palabra *oznaim* («oídos»), lo que implica equilibrio y balance. La clave para el equilibrio está en escuchar los diferentes argumentos de las partes involucradas y posteriormente analizar. Solo así la persona puede crearse una visión completa de un hecho.

Sentido: tacto

El tacto está asociado con las relaciones matrimoniales, ya que los cónyuges a través del contacto físico pueden crear entre ellos vínculos de amor y acercamiento. Es un tiempo para fortalecer los vínculos de unión y de acercamiento entre las parejas.

Desde una perspectiva superior el sentido de este mes busca equilibrar el ser e invita a la persona a experimentar la inmensa alegría de la unión, no solo con su pareja, sus compromisos o creaciones, sino con todo lo bueno y benevolente del ser, y lo que este puede ofrecer al mundo entero y viceversa.

El mundo superior sostiene al mundo físico, y la influencia que emana de arriba para abajo, va a depender de la calidad de los pensamientos, sentimientos y acciones que el ser humano manifiesta aquí abajo. El mundo superior es como un gigantesco espejo que refleja de arriba para abajo lo que se hace abajo. Por tanto tenemos que la influencia que realiza el mundo espiritual sobre el mundo físico va a depender directamente de la forma como se conduce el ser humano. Recuerda las leyes espirituales de: «Como es arriba es abajo», «Medida por medida», «Causa y efecto».

Órgano controlador: la vesícula biliar

La vesícula biliar es un saco muscular ubicado debajo del hígado, el cual se encarga de almacenar y concentrar la bilis producida en el hígado que no se necesita de inmediato para la digestión. La vesícula biliar libera la bilis al intestino delgado en respuesta al alimento. La bilis es un líquido de color pardo verduzco que tiene la función de emulsionar las grasas, produciendo microesferas y facilitando así su digestión y absorción, además de favorecer los movimientos intestinales, evitando así la putrefacción.

La bilis es necesaria para la digestión de las grasas, ya que esta neutraliza la acidez y quiebra las grasas. Una vez que la vesícula biliar ha completado su labor, la gran mayoría de los minerales que hay en la bilis se devuelven al hígado a través del sistema sanguíneo para volver a ser utilizados por el cuerpo. Esto fue señalado por los sabios portadores del conocimiento legado por Adán, cuando afirmaban que: «El hígado se enoja y la vesícula biliar emite fluidos para pacificar esa ira». En otras palabras, el hígado se enoja cuando se come, ya que debe trabajar arduamente para purificar el sistema; entonces, la vesícula biliar produce unos fluidos que sirven para pacificar esa ira, es decir, que de la misma materia prima con la cual se crea la ira, crea también un pacificador para calmarla. En un sentido espiritual ocurre exactamente lo mismo, es desde el propio sufrimiento que el reconocimiento de los errores produce su corrección o rectificación (*tikún*). Por otra parte, la vesícula biliar traslada al sistema linfático las células sanguíneas utilizadas y ya gastadas en el proceso para que este los elimine del cuerpo. Como se puede apreciar, la vesícula biliar es un órgano activo en el proceso de purificación del cuerpo.

Desde una perspectiva espiritual el «humor verde» reside en la vesícula biliar, la cual es la fuente de todo despertar sexual, y es por esta razón que cósmicamente hay una tendencia al acercamiento y el contacto entre las personas, y en especial entre las parejas.

A través del intenso sentido espiritual del mes de Libra, el humor verde de la vesícula biliar se vuelve rectificado y bien balanceado para controlar y permear todas las actividades de la persona a lo largo de todo el año venidero con una particular energía creativa, la cual puede ser utilizada para crear lo que siempre se ha deseado manifestar en la vida, ya que la energía sexual es la misma energía creativa o espiritual.

El Zohar señala: «Las emociones negativas, especialmente la ira y la impaciencia, se manifiestan en el hígado de la persona». En el siguiente texto de este mismo libro aparece un entendimiento notable relacionado con el hígado: «Del hígado y su apéndice, emerge la hiel, que es la espada del Ángel de la Muerte, de donde surgen gotas amargas para matar a los seres humanos». El Zohar dice después que: «La hiel se adueña de las arterias del corazón y de todas las arterias en los miembros del cuerpo...». ¿Qué es la bilis? De forma interesante, la hiel se define como «bilis» y como «amargura del espíritu» o «resentimiento». Esta definición es otra prueba que refuerza el punto de vista de los sabios de que existe una conexión vital y directa entre el comportamiento humano y la salud física. Más aún, es el hígado el que segrega hiel (bilis) y... ¿adivinen qué? El componente primario de la bilis es el colesterol. Los altos niveles de colesterol son una de las causas principales de la arteriosclerosis, el endurecimiento y bloqueo de las arterias, una de las causas más frecuentes de las enfermedades cardíacas y de la muerte. Así, por tradición es conocido que la ira o el enojo va al hígado, creando así el colesterol malo el cual «se adueña de las arterias del corazón...» y eventualmente trae enfermedades y, en casos extremos, la muerte. Advierte, pues, sobre la prohibición de comer hígado, ya que este contiene, en un nivel metafísico, el enojo o la ira del animal, y cuando la persona lo ingiere de una forma casi directa está introduciendo en su organismo la ira o enojo que pudo sentir el animal durante su vida y especialmente durante su sacrificio.

¿Cómo se conecta este entendimiento místico y médico con este mes de Libra? Toda la ira y las emociones negativas que la persona ha expresado a lo largo del año se muestran durante el primer día del mes de Libra como una acusación en su contra. En otras palabras, toda la energía negativa que la persona ha generado a través de su ira se manifiesta o somatiza como las enfermedades relacionadas con el corazón causadas por el hígado. Está allí, lista para penetrar la semilla del nuevo año (recordemos que la sabiduría que legó Adán muestra un calendario lunisolar que cuenta los meses según la Luna y los años según el Sol. Y en este mes de Libra comienzan a contarse los años). Sin embargo, la introspección, el arrepentimiento y la toma de nuevas decisiones acompañadas de una buena alimentación sirven como purificación, para eliminar estas fuerzas negativas de las arterias y del sistema cardiovascular. A través de la transformación de la conducta (pasar de reactiva y egoísta a proactiva y altruista) y el cambio de hábitos (como resultado de la introspección y el arrepentimiento), los niveles del colesterol bueno aumentan mientras que los niveles del colesterol malo disminuyen. De esta manera la sangre es limpiada de toxinas y las arterias se limpian de depósitos mortales de grasa. Todo porque se planta una semilla libre de energía negativa. Además, «endurecimiento de las arterias» significa en realidad «bloqueos» que evitan que la sangre (o la luz espiritual) fluya. Puede suceder también que estos bloqueos se presenten en los negocios, en el matrimonio y en todas las relaciones interpersonales. En otras palabras, estas áreas de la vida también tienen «arterias», pero a un nivel metafísico, que pueden evitar que la felicidad y el éxito fluyan.

Obsérvalo de esta manera: cualquier caos manifestado en la vida de la persona es causado por un bloqueo que evita que la luz fluya libremente hacia su vida. Se puede experimentar esto como un ataque cardíaco, sufrimientos de tipo financieros o la muerte de un matrimonio ¡Pero la causa o raíz de estas circunstancias carentes de armonía y plenitud es una y es la misma!

Trabajo de perfeccionamiento interior para el mes de Libra:

- Comprende, acepta, perdona y ama incondicionalmente a todas las personas que conforman tu mundo y en especial a tu pareja y a tus padres.
- Evita la confrontación y el conflicto, busca en todo momento el equilibrio, el balance y la equidad.
- No temas tomar decisiones, recuerda que no existen ni buenas ni malas decisiones, solo existen decisiones.
- Decide sin miedo. Decide con fe y certeza.
- Aprende a decir no con amor.
- No cuestiones decisiones pasadas. Ten siempre en cuenta que tomaste la mejor decisión (perdónate). Repásalas (sana lo que debas sanar) y sigue adelante sin temor de tomar nuevos retos (arriésgate). Toma una nueva decisión que te apoye en tu realización.
- Aprende a dar caridad, haz donaciones y diezmos, a fin de infundir el dinero con positividad y darle el equilibrio adecuado.
- Es tiempo para nuevos comienzos. El presente es consecuencia del pasado. Nadie puede cambiar el pasado; lo que sí puede es comenzar de nuevo hoy y crear un nuevo y positivo mañana.

Para recibir todo lo que el universo tiene reservado para nosotros solo es necesario desprendernos un poco de lo que ya tenemos con un simple acto de compartir.

Octubre. Despertando el potencial interior

Signo o Mazal: Escorpio
Símbolo que lo representa: el escorpión
Período: octubre-noviembre
Nombre bíblico del mes: Jeshván
Letra del alfabeto bíblico que lo representa: «N» (nun)
Elemento: agua
Astro regente: Marte
Parte del cuerpo que lo representa: los genitales
Tribu bíblica que lo representa: Menashé
Piedra correspondiente para este mes: onice
Sentido: el olfato
Órgano controlador: los intestinos

Escorpio es el octavo mes de la rueda zodiacal, y por ello la cultura grecorromana, al elaborar el calendario civil por el cual se rige el mundo contemporáneo, lo llamó octubre, nombre otorgado para connotar y recordar a este potente e importante mes «octavo» del calendario bíblico.

El número ocho, en su interpretación más profunda, significa la revelación eterna de lo sobrenatural. Cuando se habla de la revelación de lo sobrenatural, se refiere a lo que muchas personas conocen como milagros, lo cual no es otra cosa que abrirse paso a través de los límites y las leyes de la naturaleza; en otras palabras, es elevarse por encima de las leyes naturales con las cuales se rige este mundo físico.

Podemos decir sin lugar a duda que este mes de Escorpio es el más elevado de los doce meses del calendario astrológico, ya que tiene la fuerza de romper con las limitaciones y leyes de la propia naturaleza, y no solo de la naturaleza física como tal sino de la naturaleza innata con la que nace y caracteriza al individuo, la del ego. Es un tiempo para pasar de lo no deseado a lo deseado, en cualquier aspecto de la vida misma, pertenezca este a la realidad interna (rasgos de la personalidad o condición fisiológica) o a la externa (relaciones interpersonales, prosperidad, etc.).

Por otra parte, este mes trae una particular energía asociada con la disciplina, la cual es un ingrediente esencial para alcanzar el progreso en la vida. La disciplina se alcanza cuando el individuo logra honrar e integrar las reglas de su vida y las de su sociedad. Aquel que cumpla las reglas honrando sus compromisos creará sin duda un espacio en su vida por donde llegará el éxito.

Escorpio es un mes cargado de una potencia capaz de iluminar el alma de la persona más que cualquier otro momento del año. En la Biblia este mes es llamado el mes de Bul (Reyes I, 6:38). *Bul* en lenguaje bíblico significa, por una parte, «mezcla», ya que el grano que comenzó a crecer a comienzos del mes de Aries se está marchitando y es necesario que los animales coman una mezcla de granos de la cosecha actual y de cosechas previas, que fueron conservados domésticamente. Por otra parte *bul* significa «cultivo», pues en este tiempo han terminado los últimos días de la cosecha de los meses de verano (Aries, Tauro y Géminis) y es necesario comenzar a plantar de nuevo. Para poder entender estas afirmaciones un poco más, en el Midrash hay un comentario que combina ambas ideas: «Este es el mes en el que ocurrió el gran diluvio. El mes en el que las lluvias comienzan a caer de nuevo. Es un tiempo de exterminio y a su vez de renacimiento, es un tiempo de marchitamiento y a su vez de renovación». Es decir, un tiempo donde los opuestos coinciden trayendo un comienzo o un final en la realidad del individuo.

Este mes también es llamado el «Jodesh Bul», de la palabra *mabul*, «diluvio», el cual comenzó el día 17 del mes de Escorpio y terminó el día 27 de este mismo mes, pero del año siguiente. Aquí muestra que este mes encierra una potente energía propicia para comenzar y/o terminar cosas o proyectos. Es el tiempo propicio para destruir y/o para construir.

Del diluvio se puede aprender con absoluta claridad que siempre el «remedio» está íntimamente ligado a la «enfermedad». Es el momento para interiorizar la ley de causa y efecto. Es un tiempo especial para concientizar que todo lo que sucede en la realidad física o externa es una extensión directa de la realidad metafísica o interior. Todo lo que nos ocurre en nuestro mundo exterior no es más que una prolongación de lo que acontece en nuestro mundo interior. Dicho de otra manera, lo que nos ocurre en nuestra vida es el efecto de una causa y esa causa somos nosotros mismos.

En este mes el individuo integra el entusiasmo o la especial facilidad para crear una vida más elevada, alcanzada en el mes de Libra, a la vida real representada por el tiempo de Escorpio. Es el momento de poner en acción todas las esperanzas, las plegarias, las decisiones y, en especial, el plan de vida al que se aspiró en el pasado mes de Libra. Es un tiempo de llevar la decisión a la acción, ya que este ingrediente es fundamental para hacer realidad los sueños y las aspiraciones. Es importante que comprendamos que las decisiones son muy relevantes, pero si estas no son acompañadas de decisiones concretas, estas decisiones pierden toda la fuerza intrínseca para poder comenzar a hacer los ajustes que sean necesarios en el universo. La diferencia entre un soñador y un realizador está en el poder de la acción, sin la acción todo queda en los mundos espirituales sin manifestarse en el mundo físico. Recuerda que toda esa ilimitada energía creadora y espiritual existente en los mundos superiores solo puede ser manifestada en el mundo físico a través de acciones.

El trabajo espiritual para este mes se basa en reflexionar sobre lo que pasa en la vida, y evaluar a qué hay que ponerle fin y qué se necesita comenzar.

La mayoría de las veces la persona califica de casualidad todo lo que sucede a su alrededor. Un accidente, una corta enfermedad, un objeto que cae y se rompe. Cosas que pasan, hechos comunes. Sin querer darse cuenta de que nada ocurre por casualidad, sino por causalidad; siempre hay algo detrás de cada evento, y su único propósito es el de brindarle todas las condiciones necesarias para que la persona pueda crecer y manifestar todo su potencial. Muchas veces el individuo no requiere pasar por ninguna enfermedad o evento negativo predestinado para su vida debido a que por voluntad propia decidió elevar su conciencia y amarrase a su voluntad altruista en lugar de a la instintiva y reactiva del ego.

El trabajo durante este mes es transformar aquello que es amargo en dulce, aquello que es mundano y material, en sublime y espiritual. Para lograr esta transformación es necesario elevar la conciencia a niveles donde predomine la paciencia, la restricción y el autocontrol. R. Najman de Breslov enseñó que: «Aquel que tiene el mérito de controlar su temperamento nunca temerá perder nada en la vida, pues tiene la paciencia necesaria para esperar el bien que le está por llegar».

La recompensa que recibe la persona por la restricción y el autocontrol se manifiesta en un aumento constante de su seguridad financiera.

Cuando la oscuridad observa que la persona está por recibir una abundante bendición de riqueza, intenta transformar su paciencia y autocontrol en ira y reactividad. Por tanto, si alguien siente que está por caer en un ataque o estado de ira e impaciencia, deberá comprender que ello es una clara y potente señal de que la abundancia está en camino. Controlando la ira y la impaciencia podrá recibir la riqueza destinada para ella. Esta enseñanza muestra el fuerte trabajo de transformación que debe hacer la persona durante este mes; un trabajo de transformar lo amargo en dulce, el odio en amor, la ira en compasión, la impaciencia en paciencia y de esta manera canalizar todas las fuerzas de una ira acumulada, transformándolas en compasión hacia aquellos que previamente despertaron esa ira (la forma más efectiva de alcanzar esto es perdonando).

El *tikún* o la corrección en la cual principalmente se debe enfocar la persona en este mes es, por un lado, controlar la ira para así abrirse a la prosperidad plena y, por el otro, controlar el impulso reactivo de la venganza. Se debe entender que el universo está regido por leyes, y esas leyes son las que «medida por medida» traen a la persona circunstancias que le brindan la oportunidad de saldar sus acciones, sentimientos o pensamientos manifestados en el pasado. Hay que ver a las personas que llegan a la vida no como las causantes del dolor o de la felicidad, sino verlas como ese mensajero o vehículo por el cual es posible sanar el pasado. Para sanar el pasado se requiere ejercer ese don perpetuo que posee cada persona, el cual le permite despojarse del pesado equipaje que solo sirve para hacer peso e impedir seguir hacia adelante; ese don no es otro que el perdón. Perdonar es soltar todas esas emociones negativas que impiden a la persona hacer un cambio en su destino, para así poder vivir una vida verdaderamente plena, feliz y sin ataduras. Porque es imposible pretender cambiar el rumbo del destino o de la suerte, si en el presente se sigue cargando con las emociones negativas del pasado.

Como ya se ha visto, el mes de Escorpio es un tiempo para transformar lo negativo en positivo, lo cual podrá brindar a la persona la oportunidad de sacar la luz que está dentro de la aparente oscuridad, concientizándose de que los «problemas» son realmente «oportunidades» que nos van a permitir revelar lo mejor que la persona lleva dentro de sí mismo, y lo mejor que la vida tiene preparado para ella.

Es momento para trabajar la sensibilidad hacia los demás y hacerse consciente de los rasgos de carácter o cualidades, bien sean los que potencian el ser o los que los limitan. Es un tiempo para lograr comprender que detrás de todo acto físico, hay oculto un caudal enorme de energía espiritual, la cual es necesaria para eliminar cualquier rasgo negativo de la personalidad que se lleve arraigada en el interior, y que a su vez, impide manifestar la nobleza y belleza del alma en este mundo físico, rompiendo con la naturaleza egoísta o el estado de conciencia de recibir para satisfacerse solo a sí mismo. Al romper esta naturaleza egoísta o reactiva sencillamente la persona se transforma en el verdadero arquitecto de su propio destino.

Elemento: agua

Escorpio, según la tradición bíblica, es un tiempo en que las personas comienzan a agregar un pedido especial para atraer la lluvia; el individuo solicita el agua necesaria para regar sus cultivos, para regar las semillas, que no son otras que las cualidades y decisiones sembradas en los dos meses anteriores y especialmente en el mes de Libra.

El agua es la fuente de la vida; si en un lugar se encuentra agua, se puede asegurar que también se encontrarán seres vivientes o formas de vida. La lluvia es la manifestación física de la «fuerza de vida» en su máxima expresión y todo lo que vive depende del agua para mantenerse vivo. La fuerza espiritual de la vida, la compasión y la creatividad, se manifiesta concretamente por medio de este regalo físico del agua. Por eso es que muchas veces se dice que las gotas de lluvia representan bendiciones de los mundos superiores que se derraman sobre los mundos inferiores.

La manifestación de la lluvia que se ve en este mundo físico es realmente la representación de la fuente del «Dar»; es la fuente del altruismo cósmico, universal y absoluto. Es necesario poder verlo así, para empezar a ver lo divino dentro de lo mundano, lo espiritual dentro de lo físico, y no caer en la trampa del ego de pensar que el agua es la fuente de «recibir» y «consumir». Cuando la persona se da el permiso de abrir su mente para ver la lluvia como la bendición que es, cada vez que llueve su conciencia es alterada y de forma consciente agradece y se abre a las bendiciones venideras. El Talmud señala que la lluvia es una enorme declaración de la presencia de Dios en el mundo cotidiano. A continuación citaremos las comparaciones que El Talmud nos presenta, en relación a la lluvia:

- Un día lluvioso es más grandioso que el día en el que fue entregada la Torá (Biblia) en el monte Sinaí.
- Un día lluvioso es más grandioso que el día en el que fueron creados los cielos y la tierra.
- La lluvia hace que la salvación se multiplique.
- La lluvia nos dice que nuestras transgresiones son perdonadas.
- Todo lo que poseemos es bendecido.
- Hasta los ejércitos son frenados por su fuerza.

En este mes es necesario tomar decisiones respecto a las relaciones con el mundo real (entorno), las cuales se llevarán posteriormente a acciones concretas que permitan alcanzar ese nivel de vida y de existencia tan anhelado.

El veneno del escorpión es frío, simbolizando de esta manera el gran peligro de asumir la vida sin pasión. El nombre de la tribu de este mes es Menashe, que en lenguaje bíblico también significa «respiración» (*neshimá*), conectándolo con el sentido que rige este mes, el olfato.

Astro regente: Marte

El planeta Marte, cuando rige Escorpio, es asociado, por un lado, con el principio del juicio severo y la disciplina rígida; y por el otro, con la predisposición al combate. Un mes en el cual la confrontación está a la orden del día, y la sola idea de enfrentamiento o de peligro hace que las personas tiendan a atacar y manifestar su reactividad en su máxima expresión. Por tanto, es un tiempo donde existe una gran tendencia a entrar en confrontación, pero al ser consciente de esta tendencia y no formar parte del juego, la persona podría romper con la influencia astrológica y con la reactividad de su ego; consiguiendo así una elevación por encima de todo el caos y las tribulaciones que pudiera traer este mes.

Color: violeta

El color violeta está asociado con la luz divina.

Signo-Mazal: Akrav - escorpión

Es el signo más complejo del zodiaco; la vida, la muerte y la resurrección están estrechamente unidas y expresan el auténtico y profundo significado del escorpión, que tiende a destruir todo lo que existe para reconstruirlo bajo nuevas y mejores formas.

El escorpión es considerado el miembro más mortífero de la categoría general de criaturas venenosas, cuya figura arquetípica es la serpiente primordial del jardín del edén. En lenguaje bíblico la palabra *akrav* deriva de *akev*, «talón». Por eso el *akrav* simboliza la «mordedura» perfecta de la serpiente en el talón del hombre. En general, el veneno de la serpiente es caliente, en cambio el del escorpión es frío. La elevación general de la conciencia de la humanidad es lo único que puede vencer, matar y al final revivir a la serpiente primordial. ¿Y para qué revivirla? ¿Para qué revivir al ego? Para transformarlo en bien, ya que dentro de cada cosa aparentemente negativa está realmente encapsulada una potente y radiante luz que brinda la oportunidad a la persona de superar sus límites y traer corrección a su mundo.

La energía que brinda este mes también está asociada con la acción de destruir todo para después construir, dejándolo todo mejor que antes, pero siempre pasando por la destrucción. ¿Por qué cuando la persona cae y luego se levanta resulta repotenciada? Porque todo aquel que haya caído y se haya podido levantar ha transformado lo amargo en dulce y con esto ha manifestado un inmenso caudal de luz en su mundo, puesto que generalmente cuando las personas caen les resulta muy difícil conseguir levantarse de nuevo. El ego siempre le pinta el peor panorama de sí mismo y le crea la ilusión de que todo está perdido y que no vale el esfuerzo levantarse y seguir adelante. Pero cuando la persona se sobrepone a la voluntad de su ego conectándose con la voluntad altruista de su alma, toma responsabilidad por sus actos y hace lo necesario para saldarlo, este emerge como el ave fénix y se levanta con mayor poder interior y determinación.

Sentido: olfato

Anatómicamente, el sentido físico del olfato está relacionado con el lóbulo límbico del cerebro, que es considerado como el puente de unión entre los procesos cognitivos y emocionales, es decir, entre los pensamientos y las emociones. Dado que el impulso sexual es indudablemente uno de los deseos más fuertes que puede sentir el ser humano, el cual impacta tanto en su mente (pensamientos) como en sus emociones, fisiológicamente la nariz y el deseo sexual se encuentran interconectados. Por eso hemos mencionados que el ojo ve y crea imágenes (pensamientos); el corazón desea lo que el ojo ve, creando emociones y sentimientos; y posteriormente el cuerpo ejecuta acciones para traer satisfacción y alcanzar lo visto y sentido. Aquí vemos la importancia que tiene el olfato en la conducta del ser humano, ya que el ser humano en su nivel más primitivo (manejado desde su ego) se conduce por la vida para solo satisfacer sus deseos en cuanto al sexo, el alimento y el descanso.

El olfato es el sentido más espiritual de los cinco sentidos, y en leguaje bíblico oler es *reiaj*, que está emparentado con *ruaj*, «espíritu». El olfato viene a ser el único sentido que «disfruta el alma y no el cuerpo». Este sentido representa la capacidad de filtrar y separar lo puro de lo impuro, lo sagrado de lo mundano, lo egoísta de lo altruista. El olfato está relacionado directamente con la intuición, facultad con la que es posible alcanzar rápidamente el éxito final, puesto que se puede sentir o tener una idea de los acontecimientos antes de que estos ocurran. Y para esto no hay que tener ningún don especial, simplemente se necesita hacer una conexión con el alma para acceder a su sabiduría, ya que la intuición es la sabiduría del alma. Por ello el *Pirkei Avot* señala: «Quién es sabio?» y se responde diciendo: «Sabio es aquel que puede ver las cosas antes de que ocurran». Ley de causa y efecto. El ego siempre busca que la persona solo vea el presente y sacie todos sus deseos, ya que no le conviene que la persona tenga una «visión de largo alcance» debido a que de esta manera esta podría ver la consecuencia de sus actos, y así desconectarse de su voluntad reactiva y egoísta.

La poderosa influencia del olfato se hace evidente en la plegaria, ya que la plegaria es comparada con el olfato (Isaías 48:9).

Órgano controlador: los intestinos

La palabra *dakin,* «intestinos», deriva de *daká,* «minuto», o *dak,* «partícula». Esto implica el poder de desintegrar un todo en partes pequeñas y refinadas, con lo cual se podrá analizar de una forma minuciosa el todo en observación. En el proceso de preparar el incienso en el templo sagrado de Jerusalén (la expresión consumada del sentido del olfato manifestada en el servicio a Dios en el templo), uno de los ayudantes de los sacerdotes debía decir una y otra vez: «muele bien, muele bien», para que así se pudiera desprender ese único y especial aroma. Todos los servicios practicados en el templo tenían la intención de producir un «aroma agradable» y gratificar el sentido divino del olfato, que implica la «satisfacción» divina con el servicio de sus hijos. Esta satisfacción divina con el hombre y la creación fue expresada por primera vez el 28 del mes de Escorpio, cuando Noé ofreció su sacrificio a Dios, y por su satisfacción, Dios le prometió nunca más destruir al mundo con un diluvio.

Por tradición es sabido que el aroma «agradable» a Dios es producido por las grasas de los intestinos ofrecidos en sacrificio en el altar y por esta razón, los intestinos, se los considera controladores del sentido del olfato.

Analizando la afirmación expuesta, desde un sentido profundo y espiritual tenemos que los intestinos están situados en el estómago, lugar donde se concentran las emociones del ser humano, y estas emociones generalmente son el resultado de un estímulo exterior; si el estímulo viene de fuera quiere decir que está filtrado por la voluntad del ego, ya que este es el que representa al alma ante el mundo físico. Cuando se dice que la grasa de los intestinos ofrecidos en sacrificio es un aroma agradable a Dios, se quiere decir que la persona ofrece en sacrificio las emociones y pasiones generadas por el ego, es un acto que trae buenos olores, buenos vientos al alma. Entonces esta se sentirá satisfecha y feliz. Porque no es fácil desprenderse de esos deseos egoístas, pero ese desprendimiento es lo que a la larga, traerá verdadera y duradera satisfacción a la vida.

Trabajo de perfeccionamiento interior para el mes de Escorpio

* Necesitas abandonar la rigidez de las normas y reglas para permitirte actuar con espontaneidad y de esta manera disfrutar de la libertad de la acción.
* Aprende a perdonar, todos somos humanos y cometemos errores.
* Sé una fuente de inspiración en las personas que te aman.
* Mantén la calma; no hagas dramas.
* Sé proactivo, pero evita las situaciones peligrosas.
* Piensa en las consecuencias para ti mismo y los demás. Deja un poco de lado esos sentimientos tan negativos que son el odio y la venganza.
* Alcanza la realización a través del autocontrol. Recuerda que autocontrol es saber que lo puedes hacer, pero eliges no hacerlo. El autocontrol permite que lleguen a ti las bendiciones y la prosperidad, ya que cuando lo ejerces manifiestas paciencia, la cual es un ingrediente fundamental para atraer y esperar lo bueno que está por manifestarse.
* Evita ser controlador.
* Elimina el temor que puedas sentir hacia la pérdida, para que de esta manera puedas incrementar tu capacidad de recibir, tanto espiritual como materialmente.
* No juzgues ni tengas envidia de los demás. La envidia destruye tu autoestima puesto que de una u otra forma

una persona envidiosa siempre busca destruir y minimizar a los demás para poder sobresalir o hacerse notar.

- Recuerda que la única cosa más destructiva que odiar a los demás es odiarte a ti mismo.
- Resiste al impulso de reaccionar y elévate por encima de tu naturaleza egoísta.
- Busca el equilibrio en cuanto a tus emociones se refiere.
- Elije unir en lugar de dividir y construir en lugar de destruir.
- Es tiempo para perdonar y olvidar. Perdónate a ti mismo y perdona a todas aquellas personas que pienses que te han herido o decepcionado. El perdón es la única herramienta que permite cambiar el destino emocional, mental y espiritual de las personas.

Crea un espacio de amor y gratitud en el corazón y observa cómo con un mínimo esfuerzo, lo que antes era imposible para tus ojos se hace posible.

Noviembre. Transformando Imposibles en Posibles, los milagros

Signo o Mazal: Sagitario
Símbolo que lo representa: arco y flecha
Período: noviembre-diciembre
Nombre bíblico del mes: Kislev
Letra del alfabeto bíblico que lo representa: «S» (samaj)
Elemento: fuego
Astro regente: Júpiter
Color: azul violeta
Parte del cuerpo que lo representa: las caderas y los muslos
Tribu bíblica que lo representa: Benjamín
Piedra correspondiente para este mes: jaspe
Sentido: el dormir
Órgano controlador: el abdomen

Sagitario es el noveno de los doce meses del calendario bíblico y de la rueda zodiacal.

La energía disponible este mes de Sagitario está relacionada directamente con la fuerza de los milagros. Una energía milagrosa con la cual se tiene la oportunidad de manifestar milagros en cualquier área de la vida.

El secreto para manifestar milagros en este tiempo de sagitario radica en transformar la naturaleza egoísta en altruista», o lo que es lo mismo, transformar la naturaleza receptora del ego en una dadora del alma. Vivir para dar de ti en lugar de vivir buscando que puedes recibir de cada evento o de las demás personas.

Esta transformación se alcanza potenciando los anhelos del alma, que automáticamente disminuirán los deseos del ego o del cuerpo. Hay un concepto que tal vez muchos hayan escuchado toda su vida y no lo hayan interiorizado completamente debido a la falta de información al respecto; este concepto es el de «mente sobre materia». Cuando se logra interiorizar este concepto y posteriormente es llevado a la práctica, es cuando comienzan a manifestarse de manera cotidiana los milagros en la vida. Cuando se colocan los anhelos del alma por encima de los deseos del cuerpo, se está materializando este concepto; que no es otra cosa que elevarse por encima de los deseos del ego, para conectarse con los del alma. Se permite así a la persona acceder a una zona de su poder o fuerza interior donde la manifestación de los milagros es lo cotidiano y no la excepción.

La astrología coloca a Sagitario como un signo de cambio, y cuya energía intrínseca es el fuego, que coincide en expresar el poder de elevarse y dirigirse hacia arriba. Debido a que Sagitario representa la columna central, elemento aire de los signos de fuego, tiene la influencia adicional del elemento aire.

El aire alimenta el fuego y le permite crecer y expandirse, razón por la cual este es un tiempo propicio para servir de canal entre lo espiritual y lo material, para que así logren materializarse en el mundo físico las bendiciones y milagros, en estado potencial, que se encuentran en los mundos superiores o espirituales. Es tiempo de vincular el trabajo comunicativo con la transmisión del conocimiento a la humanidad. Un tiempo propicio para alcanzar el éxito financiero y social, y a su vez es un momento de precaución para todo lo relacionado con lo mundano y carnal. Ya que se pueden presentar ciertas circunstancias donde se prueben los valores éticos, morales y espirituales.

Durante este mes, se trabaja sobre la «relajación correcta» o el sueño, que vendría a ser el resultado del trabajo de la «acción correcta» durante las horas activas.

El mes de Sagitario está relacionado con la confianza; es un tiempo propicio para trabajar el sueño. En la Biblia existen diez relatos de sueños, de los cuales nueve están presentes en las porciones bíblicas correspondientes a este mes. La letra de este mes es la *Samej* (s), significa «confianza». La verdadera confianza otorga a la persona la seguridad de garantizar su espiritualidad y resistirse a quienes la desafían con circunstancias que la puedan desconectar con su altruismo (alma).

La persona debe esforzarse en el perfeccionamiento del sueño, lo cual va a depender directamente de la dedicación que ponga en corregir las acciones durante las horas activas. Corregir el sueño usando el descanso como medio para una acción adecuada ayuda a canalizar los esfuerzos (dirigir la flecha) en la dirección correcta (metas).

En el libro del Éxodo (capítulo 28, versículos 17-30) se menciona que el sumo sacerdote deberá tener un pectoral del juicio, el cual estaba formado por cuatro hileras de doce piedras preciosas. Cada mes está asociado con una gema en particular de estas doce piedras preciosas incrustadas en el pectoral del sumo sacerdote. La gema correspondiente a Sagitario, el noveno mes, es la amatista, la novena piedra del pectoral. En su *Libro de las raíces*, *El Radac*, explica que la raíz etimológica de la palabra amatista en lenguaje bíblico es *sueño* y aquel que lleve una amatista en su dedo seguramente verá sueños.

El astro que rige a Sagitario es el planeta, el cual viene a representar la abundancia, la buena suerte, la buena fortuna y los milagros.

Sagitario representa el arcoíris y el Zohar señala que el arcoíris es un campo magnético que se muestra cuando se ha emitido un decreto negativo relacionado con destrucción, y su rol es anunciar esta situación para que se tomen las medidas necesarias para protegerse. Cabe señalar que todas esas medidas, para obtener esta protección, están relacionadas con la transformación de la naturaleza egoísta o reactiva del ego en la altruista y proactiva del alma.

El signo zodiacal de Sagitario está representado por el centauro, la figura mitológica mitad hombre y mitad caballo que caza con un arco y una flecha.

El nombre bíblico del mes de Sagitario es *Kislev* que significa «confianza» y «fortaleza interior», atributos que caracterizan tanto a la persona nacida durante este mes como a la energía que se emana de los mundos superiores al mundo físico durante este tiempo. El arco de Sagitario simboliza el poder de la plegaria y la meditación, que surge desde los sentimientos más profundos del corazón y se dirige a las alturas; así, del arco es lanzada la flecha, y mientras más presión se imprima al arco esta subirá más alto todavía.

Sagitario es un tiempo de expansión y abundancia, una oportunidad de reforzar la confianza, un momento para comenzar a buscar el sentido de la vida, para redefinir los objetivos espirituales. Un momento en que es posible manifestar milagros.

Sentido: dormir

El sentido del sueño es la tranquilidad y el reposo que viene de la confianza y la seguridad. En el lenguaje hablado por Adán, la palabra «sentido» es *jush*, la cual es semejante a la palabra «rápido» que es *jish*, por tanto, el sentido de dormir implica la capacidad de dormir bien pero rápido, ya que del cansancio que puede experimentar una persona, solo el 5 por ciento está relacionado con el cuerpo, el otro 95 por ciento está asociado con el alma. Mientras la persona se eleve más espiritualmente, necesitará a su vez cada vez menos horas de descanso.

El verdadero talento de un tirador, de disparar directo a su objetivo, depende en gran parte de su estado de tranquilidad interior. Una persona tranquila tiene muy poca fricción y tensión interior, lo cual es un ingrediente indispensable para tener y mantener un autocontrol que le permita caminar por encima de las aguas, o lo que es lo mismo, por encima de sus emociones. Cuando una persona cuenta con paz interior, le resulta mucho más fácil la conexión con su voluntad altruista, ya que no basa sus acciones en sus emociones, las cuales son el asiento de su ego, sino por el contrario las sustenta desde sus pensamientos y reflexiones, que vendrían a ser la base de su alma y, por ende, de su voluntad altruista.

El sentido del dormir implica la habilidad de liberarse del estrés y las preocupaciones. La persona debe saber que si ya hizo todo lo que estaba en sus manos, el resultado de ese trabajo será para su bien, sea cual sea ese resultado. El resultado dependerá de los aprendizajes que requiera experimentar para así poder continuar creciendo como persona y brindarle a su vez las oportunidades de elección, en donde, con su libre albedrío poder tomar decisiones y acciones que la conecten con su voluntad altruista. Esta, una vez más, podrá elevarse por encima de la influencia astrológica y mejorar y endulzar su destino.

Cuando la persona posee una confianza absoluta en que sus actos, sentimientos y pensamientos están inclinados y conectados con su voluntad altruista, esta tendrá buenos sueños sobre el futuro. Los buenos sueños en la noche reflejan buenos pensamientos durante el día, especialmente la actitud y conciencia optimista con la cual se desenvuelva en la vida: «Piensa bien, y ten la certeza de que todo estará bien», aunque en algunas oportunidades la persona no lo logre ver en el momento presente.

Órgano controlador: el abdomen

El abdomen es como una cavidad presente en el cuerpo humano situada entre la cara inferior del tórax y la cara superior de la pelvis y extremidades inferiores, en los mamíferos es la parte separada de la caja torácica por el diafragma.

En lenguaje bíblico la palabra abdomen *kevá* deriva de la palabra *kav*, que significa «medida». En la rectificación de los rasgos de carácter, el abdomen rectificado y el sentido del dormir representa ese nivel que alcanza la persona, en el cual no se siente celoso ni muestra sentimientos de envidia por los demás. El Talmud en su tratado de *Pirke Avot* pregunta: «Quién es rico? Aquel que está contento con su porción», o lo que es lo mismo, con lo que le ha tocado en esta vida. Pero como ya es sabido, lo que le ha tocado en esta vida a una persona está determinado desde el momento de su nacimiento, y toda persona está dotada con una infinita abundancia y bendiciones, lo que ocurre es que una vez que ha recibido esta infinita abundancia y bendiciones no puede contenerlas y mucho menos aprovecharlas para su vida. Y entonces, ¿qué debe hacer una persona para una vez recibidas estas bendiciones cargadas de prosperidad, salud, amor, y felicidad mantenerlas en su vida? Simplemente debe transformarse en un recipiente o vasija apropiado para sostener y mantener la abundancia que desciende desde arriba, y esto se logra con acciones altruistas. Las acciones altruistas cargadas de amor incondicional son las que van a permitirle transformarse en esa recipiente capaz de recibir y mantener en su vida todo lo bueno que el universo repara para ella, que siempre es mucho más de lo que la persona se imagina, ya que una vez que recibe se abre a recibir cada vez más y más.

El abdomen en un sentido místico alude al acto de autosacrificio. Cuando la persona logra sacrificar su parte animal, representada por la voluntad de su ego o los deseos del cuerpo, saliéndose de su zona de confort, esta entra en una zona donde se hace posible recibir infinita abundancia material y física y en especial se hace acreedora del poder para manifestar milagros en su vida. Por este motivo el abdomen está asociado a este mes de Sagitario que es un tiempo de milagros.

Trabajo de perfeccionamiento interior para el mes de Sagitario:

- Practica el perdón.
- Recuerda que todo en exceso es negativo.
- Cuida los detalles, pues tu entusiasmo a veces te hace perder y descuidar detalles importantes de la vida.
- Establece un compromiso y cumple con él.
- Analiza la situación global antes de tomar una decisión, siempre que puedas ayuda a los que te rodean.

- Sé más sensible hacia los demás; ten cuidado con lo que dices. Aprende a moderarte y está siempre bajo control y autodominio.
- Defiende algo en lo que creas. No seas complaciente.
- Este mes repasa los compromisos hechos en Aries y Libra y observa cómo van. Haz nuevos compromisos. Ocúpate de ver el camino para cumplirlos.
- Procura escuchar más y hablar menos.
- Es tiempo para escapar de los deseos del ego. La palabra bíblica utilizada para señalar milagros es *escapar*. Cuando escapamos de nuestros deseos instintivos y egoístas, automáticamente potenciamos nuestra alma, y en ese preciso momento de autosacrificio es cuando los milagros ocurren a nuestro alrededor.

Cuando vemos más allá de lo que está en la superficie vemos un mundo lleno de posibilidades, un mundo donde las dudas se transforman en certezas y la manifestación de milagros se hace posible.

Diciembre. Atrayendo lo Positivo

Signo: Capricornio
Símbolo que lo representa: cabrito
Período: diciembre-enero
Nombre bíblico del mes: Tevet
Letra del alfabeto bíblico que lo representa: Ayin
Elemento: tierra
Astro regente: Saturno
Parte del cuerpo que lo representa: las rodillas
Tribu bíblica que lo representa: Dan
Piedra correspondiente para este mes: topacio
Sentido: el enojo
Órgano controlador: el hígado

El mes de Capricornio es el décimo de los doce que conforman la rueda zodiacal. Se inicia el período de invierno, y la naturaleza, con su cambio de estación, sugiere también un cambio en la forma de conducirse en la vida.

En las fuentes bíblicas Capricornio es conocido como el mes de *Tevet*, que viene de la palabra *Tov*, que en lenguaje paradisiaco significa «bueno», refiriéndose particularmente a «el buen ojo», el cual es la fuente del poder de bendecir.

En el Talmud está escrito: «El que bendice se bendice». Con esta afirmación se indica que cuando la persona ve con buen ojo todo lo que lo rodea, como las pertenencias de su prójimo y los éxitos de otros, automáticamente estará desarrollando la habilidad de bendecir. Esta acción de bendecir provee a la persona de inmensurable abundancia y buena fortuna, ya que esta comienza a recibir de lo que ha dado, medida por medida, o como ya se ha explicado en capítulos anteriores está relacionado con la ley de causa y efecto.

Cuando la persona logra separarse de los celos o envidia, automáticamente comenzará a llenarse de bendiciones que llegan desde lo alto, ya que el universo se maneja como un gigantesco espejo que refleja hacia abajo los actos, sentimientos, emociones y creencias de la persona. Si esta se ocupa de hacer el bien a otros, el universo se encargará de reflejar ese mismo bien para su vida.

Por otra parte, se debe considerar que al emitir una bendición sobre algo, se está elevando el nivel de la realidad de ese algo, es decir, que cuando se pronuncia una bendición esta se eleva a los mundos superiores junto con todo el entorno del que bendice y del bendecido, haciendo que la realidad de ese algo y/o esas personas mejore. Así que si una persona quiere cambiar, elevar y mejorar su realidad debería comenzar con mirar a las personas y eventos que le acontecen en su vida con buenos ojos y bendecir todo lo que le ocurre, sea algo que perciba como bueno o no tan bueno, y toda persona que se le presente en su vida por muy «mal» que pueda parecer su conducta.

La acción de bendecir tiene la fuerza de mejorar y renovar lo que se está bendiciendo, y todo lo que esté relacionado con ese algo, logrando que la persona de esta manera, transforme su entorno y su mundo.

En este mes existe una fuerte influencia astrológica a que todos los pensamientos y sentimientos suelan estar conectados con la materia física, y aquí es precisamente donde se debe enfocar el trabajo para este mes; en romper con el mundo ilusorio que se pueda estar percibiendo a través de los cinco mundos del ego, que no son otros que los cinco sentidos. ¿Y por qué se dice que los cinco sentidos, no rectificados, conforman los cinco mundos del ego? Porque lo que la persona capta a través de ellos construyen una realidad relativa, que se aleja de la absoluta y de la unicidad e interconexión del todo.

Este mes se requiere romper con la necesidad de verlo todo desde los cinco mundos del ego, los cinco sentidos, ya que al ver la vida de esta forma limita la observación y fácilmente se caerá en la trampa de ver el barril pero no su contenido. Lo importante está realmente en el contenido pues lo importante suele ser imperceptible a los sentidos y en especial a la vista, porque es posible encontrar un hermoso barril de vino, pero que su contenido sea vinagre, y por el contrario se puede encontrar con un barril no muy vistoso a la vista pero que puede contener el mejor de los vinos.

Es momento de dejar de lado las primeras impresiones y los prejuicios para comenzar a enfocarse en la esencia y los valores que conforman a cada persona o cada evento que se pueda presentar en la vida, ya que cuando estos aparecen la persona suele enfocarse en el efecto y no en su causa. Cuando el individuo logre enfocarse en las causas encontrará aprendizajes y oportunidades que lo potenciarán mejorándolo a sí mismo, pero por el contrario, cuando este se enfoca solo en el efecto dejando de lado la causa esta perderá su fuerza interior y se conectará con sus limitaciones, disminuyendo así las posibilidades de mejorar y de perfeccionarse como ser humano.

En este mes se cultiva el «enojo correcto». El Talmud señala que siempre se debe considerar al prójimo favorablemente, y el enojo es algo que debe ser casi siempre rechazado. Pero existe también el «enojo positivo», que puede traducirse en el sentido de saber qué rechazar. El nombre de la tribu bíblica que rige este mes es Dan, que significa «juzgar».

La persona cuenta con dos ojos, para poder discernir constantemente qué aceptar y qué rechazar en su vida. La habilidad de impugnar constantemente lo negativo está simbolizada por el Capricornio, la cabra, conocida por su firmeza. En este mes la persona debe prestarle especial atención a su visión espiritual o altruista.

Es un mes para detener las actividades temporales y enfocarse en lo verdaderamente duradero y trascendental, o lo que es lo mismo, dar un alto a las satisfacciones del cuerpo, representadas por el ego, y enfocarse en dar satisfacciones al alma, que es a la larga lo que realmente brinda una satisfacción duradera en la vida de la persona.

Capricornio es tiempo para tomar conciencia de que toda la prosperidad que se haya alcanzado o se pueda alcanzar está manejada desde lo alto con un propósito último para la vida, que no es otro que hacerle el bien.

Si la persona por un momento hace un alto en su vida para reflexionar sobre lo expuesto, podrá darse cuenta de que gracias a ese evento «malo» del pasado, hoy ha recibido un bien. Pero muchas veces no es tan fácil ver ese bien dentro de ese supuesto mal, como por ejemplo a una persona que no se le pudo materializar un negocio. Esta persona piensa que tuvo mala suerte y comienza a buscar culpables de su fracaso (enfocándose en el efecto y no en la causa), ya que se le hace imposible ver la película completa, solo está viendo un fragmento de ella, no su totalidad. Si pudiera ver la totalidad se percataría de que con ese dinero tal vez se hubiera comprado un vehículo en el cual hubiera tenido un accidente....

La persona debe estar convencida de que todo lo que le ocurre en su vida es para bien, aunque no lo pueda comprender en ese preciso momento, solo debe agradecer y continuar para abrirse a lo bueno que le repara el futuro.

Signo- Mazal: Capricornio - cabrito

Por tradición es conocido como un «niño salta como un cabrito», aludiendo por una parte al número diez en general, y por otra al mes diez en particular. La naturaleza juguetona de saltar arriba y abajo «como un cabrito» refleja una etapa importante del proceso de crecimiento. El mes de Capricornio se relaciona con el proceso de crecimiento, desde un estado de inmadurez a otro de madurez, o lo que es lo mismo, de pasar de un estado donde la persona desea recibir para satisfacerse solo a sí misma (egoísmo) a otro donde desea recibir para compartir con los demás (altruismo)

La inmadurez está caracterizada por el «mal ojo» (envidia, conexión con la naturaleza reactiva), mientras que la madurez lo está por el «buen ojo» (conexión con la naturaleza proactiva y altruista).

Elemento: tierra

La rectificación de la influencia astrológica encerrada en el elemento tierra está relacionada con elevarse por encima de la flojera, la tristeza y la depresión.

Planeta: Saturno

La energía espiritual interna de Saturno es fría y seca. Probablemente por esto en este mes se hace tan difícil expresar los sentimientos de afecto. La frialdad de Saturno está asociada con su distancia del Sol. Como ya vimos en el capítulo de Leo, la cercanía entre las estructuras cosmofísicas representan una similitud. El Sol dentro de este sistema representa la luz divina. Entonces tenemos que la lejanía que existe entre Saturno y el Sol viene a representar que la influencia astrológica de este mes busca separar a la persona de su lado espiritual (alma) y como consecuencia automáticamente esta tiene la tendencia a conectarse con su parte terrenal y egocéntrica como es su ego.

El Sol conecta a la persona con la luz infinita, la energía espiritual que la creó. Pero la influencia de Saturno la hace sentir que está atada a la materia y, por ende, a sus limitaciones.

En el *Libro de la creación* (*Sefer Yetzira*), escrito por el patriarca Abrahán hace más de cuatro mil años, revela que Saturno es responsable de las distracciones, las enfermedades, los cautiverios, la pobreza, las desgracias que vienen al mundo, la vergüenza y muchos otros obstáculos que plagan la vida de las personas, es decir, que el caos que puede experimentar la persona en su vida es debido a la influencia que ejerce Saturno. Pero este caos que llega al mundo no es porque la influencia astrológica de Saturno sea negativa, simplemente Saturno está asociado con la justicia y cuando es su tiempo de influir, este lo hace dándole a cada cual lo que necesita para poder saldar sus cuentas (sus actos, sentimientos y pensamientos alejados del altruismo) «medida por medida».

En este mes la persona puede caer fácilmente en la trampa de tener la percepción de que está desconectada de la energía espiritual, en este caso representada por el Sol, y puede verse en la situación de invertir su energía solamente en el mundo material o físico, olvidando de esta manera cultivar su alma, alimentando a esa voluntad altruista que la acompaña y permitirse escuchar su voz interior y su intuición en el momento de actuar. De hecho, este mes la persona puede crearse la ilusión de que este es el único mundo que tiene a su disposición y cerrarle la puerta a los verdaderos canales de abundancia y luz que vienen desde los mundos superiores.

El mes de Capricornio también está relacionado con el ojo, el cual a su vez está asociado con la visión y en especial con la visión interior. El ojo es capaz de revelar cosas al hombre más que los otros sentidos, de ahí la expresión de que «una imagen dice más que mil palabras». Pero la persona en este mes debe hacer un esfuerzo de ver más allá de lo que está a simple vista, esto requiere desarrollar su visión interior con la cual podrá contar con la intuición y discernimiento apropiado para descifrar qué hay detrás de palabras, acciones o imágenes que puedan presentarse en su vida, y de esta manera hacerla más proactiva que reactiva; actitud que le permitirá conectarse con su voluntad altruista.

Un ojo puede ver algo de dos maneras: libre de prejuicios (bien) o, por el contrario, desde la suma de sus paradigmas o mapas mentales (mal). La visión de las cosas puede ser determinante en la forma cómo esta afectará a la persona. Este es un tema en muchos escritos y es señalado en una declaración interesante: «Un hombre sabio tiene ojos en su cabeza». Esto significa que su visión de las cosas está matizada por su intelecto, o en otras palabras, por su visión proactiva y altruista, y no por sus emociones, que es el lugar donde se asienta su ego.

El ojo viene a representar el reflejo del universo mismo. El órgano de la visión representa para la persona la totalidad de su ser, es por ello que los médicos homeópatas pueden determinar el estado de salud o ausencia de la misma en una persona con solo examinar sus ojos.

Por otra parte se dice que los ojos son la ventana del alma, ya que a través de sus ojos una persona queda descubierta ante otra; y esta otra conectada con su voluntad altruista puede intuir las verdaderas intenciones que pueden existir en el interior de esta.

Capricornio es el mes de la rectificación y eliminación de lo que conocemos como «mal ojo», ya que todo proceso destructivo comienza con este.

Sentido del mes: el enojo

> La ira bien dirigida, sin lastimar a nadie, te ayuda a autoafirmarte, a defender tu espacio vital, a marcar límites: úsala pacíficamente.
>
> WALTER RISO

Como ya mencionamos al principio del capítulo, todo proceso destructivo comienza con el «mal ojo» del odio. El enojo debe ser dirigido directamente en contra de la naturaleza instintiva y reactiva del ego, que lo que busca es satisfacer sus deseos de recibir para sí mismo sin importarle en lo más mínimo los demás o las personas que conforman su mundo. El individuo debe saber cómo tener una indignación justa frente a su egocentrismo. Esto tiene que venir antes de estar disgustado con el egoísmo, injusticias y caos que pueda existir a su alrededor, ya que todo el caos que puede experimentar el mundo es solo una extensión del caos que se experimenta en el mundo interior de cada persona que conforma ese mismo mundo. Y la manera de comenzar a erradicar ese caos es erradicando el que existe dentro de cada persona, el cual tiene su raíz en ese deseo de recibir para sí mismo conocido como egoísmo.

Al presentarse el enojo en el interior de la persona, su alma, lugar donde radica su naturaleza altruista, tiene la oportunidad de elevarla por encima de su naturaleza reactiva controlando y transformando el enojo. La transformación del enojo reactivo del ego en un enojo rectificado o positivo expresa la profunda observación y vigilancia del alma para que la realidad que percibe la persona se vuelva buena; en otras palabras, es la capacidad que tiene la percepción del alma de mostrar oportunidades en lugar de problemas y de estar convencidos de que todo, absolutamente todo, es para bien, aunque se haga incomprensible entenderlo en el momento debido a la limitación de tiempo y espacio por la cual se rige este mundo físico. Lo importante en todo este proceso es que la persona pueda comprender que una cosa es lo que quiere y otra cosa es lo que necesita, y toda circunstancia que llega a experimentar, aparte de estar asociada directamente a sus actos, está asociada a lo que esta necesita realmente para alcanzar su realización y perfeccionamiento como ser humano.

La persona debe dirigir su enojo rectificado por su altruismo y su ojo izquierdo o «malo» hacia sí mismo con la finalidad de erradicar el egoísmo de su interior rebajando y subyugando su ego, mientras que simultáneamente debe dirigir su ojo derecho «bueno» hacia la realidad exterior para que con ese poder ayude a perfeccionar y elevar la realidad misma. Esta erradicación del ego no consiste en su eliminación sino en su transformación, con lo cual la persona busca elevar a su ego para que sus prioridades sean similares a las prioridades del alma. Por otra parte, es importante señalar que no existe un ojo bueno y otro malo, esto son simples metáforas que parten del principio de la dualidad en la cual un lado es espiritual y otro es material, donde la parte izquierda generalmente se asocia con recibir, con lo material y lo supuestamente «malo» ya que se conecta fácilmente con la naturaleza reactiva del ego; y donde la parte derecha se asocia con lo bueno y espiritual debido a su conexión con la naturaleza dadora o altruista.

Órgano controlador: el hígado

El hígado en lenguaje bíblico es llamado *kaved*, que también puede traducirse como «pesado» o «cargado». Esto se debe a que el hígado purifica la sangre «cargada» de sustancias innecesarias (Likutey Moharán I,29:9). [1]

El hígado también corresponde al orgullo. El enojo es un subproducto del orgullo, ya que generalmente la persona se enoja cuando sus deseos no son complacidos como ella espera que se le complazcan. Un orgulloso siempre piensa que los demás le deben algo y su vida se basa en exigencias y deseos de recibir para sí mismo. Son esos que tienen como ley de vida ese lema tan destructivo que dice: «Primero yo, segundo yo y tercero yo».

El orgullo es un rasgo muy negativo el cual trae pobreza, problemas, vergüenza y depresión a la persona. Por otra parte, es importante saber que la ira expulsa la sabiduría y el conocimiento de la persona, así que una persona fácilmente irrisible o iracunda pierde toda previsión, lo cual la lleva a no medir las consecuencias de sus actos. Ellas son comparadas al fuego pues de la misma forma que el fuego solo deja cenizas a su paso, este tipo de personas también dejan solo cenizas a su paso por las diferentes relaciones, trabajos, lugares, etc.

Cuando la persona logra superar la ira es porque ha conseguido colocar su naturaleza altruista por encima de su naturaleza egoísta, con lo cual puede alcanzar fácilmente todas sus metas y ganarse, de forma real y verdadera, el respeto y la admiración de otras personas.

Por tradición es conocido que «el hígado es ira o enojo». La función del hígado es purificar la sangre con la que está saturado. El hígado corresponde a la serpiente primordial. (Los tres «regidores» del cuerpo y el alma son el cerebro, el corazón

---

1   Likutey Moharán: colección de Enseñanzas acerca del misticismo bíblico del sabio Najmán de Breslov Moreinu HaRav Najmán.

y el hígado, que corresponden a Adán, Eva y la serpiente, respectivamente).

La serpiente representa el estado inicial de la inmadurez del alma, caracterizado por un atributo de ira o enojo no rectificado. El veneno de la serpiente es caliente, como el fuego del enojo o de la ira. Cuando se convierte al bien, el fuego (y la sangre del hígado) sirve para calentar el frío en este mes de invierno de Capricornio.

La ira, o enojo, tiene su raíz en el hígado y cuando una persona se abandona a la ira permite que se manifiesten todos los obstáculos necesarios para evitar la cristalización de sus metas, y de una forma más que directa creará enemigos que lo enfrentarán durante toda su vida. El Zohar señala que las emociones reactivas o negativas de la persona, en especial la ira, el odio y la envidia, se muestran en su hígado. No es casualidad que el colesterol tanto bueno como malo provenga del hígado. Si la persona se abandona a las cualidades reactivas y negativas de su ego, entonces el hígado producirá colesterol malo, el cual se alojará en sus arterias obstruyendo el libre paso de la sangre por el cuerpo; pero si por el contrario es compasiva, bondadosa y se amarra a su naturaleza altruista y lleva una vida proactiva en lugar de reactiva, entonces su hígado producirá ese colesterol bueno con el cual traerá paz o salud a su organismo.

Trabajo de perfeccionamiento interior para el mes de Capricornio:

- Cultiva tu autoestima.
- Expresa tus sentimientos y emociones de forma proactiva.
- Recuerda que no todas las situaciones las puedes tener bajo tu total control.
- Continúa desarrollando tu paciencia.
- Deja de alabar lo que has alcanzado hasta ahora y date cuenta de que las cosas son herramientas, no propósitos.
- Sé más sociable.

- Ten confianza cuando no sea fácil. Suelta el temor a que el mañana te vaya a traer alguna carencia de fondos para sobrevivir. Este temor te apega a la materialidad e impide que te vuelvas más espiritual.
- Sé consciente de que todo viene desde lo alto.
- Es tiempo de introspección, autoanálisis y meditación.
- Elimina las corazas que te has creado alrededor de tu corazón. Perdona.
- Sé consciente de que todo lo que llega a tu vida tiene un propósito superior y que todo, aunque no parezca o no lo podamos ver o entender, es para nuestro bien.
- Sé enérgico y deja de postergar (no dejes para mañana lo que puedas hacer hoy).

Los cambios que experimentamos en nuestro mundo exterior son el resultado de los cambios que realizamos en nuestro mundo interior.

Enero. El Hombre, un árbol con raíces en los Cielos

Signo o Mazal: Acuario
Símbolo que lo representa: cubo
Período: enero-febrero
Nombre bíblico del mes: Shevat
Letra del alfabeto bíblico que lo representa: «Tzade»
Elemento: aire
Planeta regente: Saturno
Parte del cuerpo que lo representa: las pantorrillas
Tribu bíblica que lo representa: Asher
Piedra correspondiente para este mes: Crisolito
Sentido: el gusto
Órgano controlador: el estómago y el esófago

En la travesía por la energía cósmica presente en los meses, es momento de llegar a la undécima estación, la cual corresponde al mes de Acuario.

La festividad bíblica que corresponde para este mes es llamada «TuBishvat», conocida como el año nuevo de los árboles, la cual se celebra comiendo frutos del árbol, reflejando así el atributo del mes, que es el «comer correctamente».

El verdadero reto asociado con la espiritualidad es hacer de un simple acto físico o material una experiencia espiritual. Por ejemplo, cuando se come o se realiza cualquier otro acto físico, la persona debe esforzarse por transformarlo en un acto o una experiencia espiritual, ya que de lo contrario simplemente se estaría rindiendo a la gratificación sensorial con la cual se conectaría una vez más con su naturaleza animal o instintiva de su ego.

Corrigiendo las actitudes relacionadas con el área material, la persona puede llegar a convertirse en un conducto abierto para poder distribuir al mundo físico las beneficencias existentes en el mundo espiritual. Esto está reflejado en el signo de Acuario, el distribuidor de agua. El territorio de Asher, la tribu bíblica asociada a este mes, producía alimentos en abundancia y podía saciar el requerimiento alimenticio de las otras once tribus. Por ello en este mes la persona tiene la fuerza para transformarse en un verdadero canal para manifestar la abundancia de los mundos superiores en el mundo físico. Pero para lograr eso, requiere primero limpiar ese canal o conducto con el cual podrá manifestar toda la bondad y abundancia de los mundos superiores, y esto se hace limpiando o sanando cualquier emoción negativa que puede existir en su corazón. Es necesario sanar las relaciones con los padres, la pareja o ex parejas, los hermanos y familiares y por ultimo con los amigos, solo así es posible transformarse en ese canal de abundancia material y espiritual que tanta falta le hace a este mundo sumergido en el caos.

Acuario es el tercero de los signos de aire representando así el equilibrio del don de la palabra.

Es un tiempo de una inmensa energía positiva, la cual de forma mística y metafórica está determinada por dos elementos, pilares fundamentales para alcanzar la creatividad y desarrollo personal, que son el agua y el aceite. El agua alude a la sabiduría y el aceite, a la forma como la persona puede manifestar ese conocimiento mediante acciones relacionadas con su voluntad altruista, la cual le va a permitir recibir sin obstáculos o filtros la inmensa energía positiva que depara este mes.

El mes de Acuario es de renovación y crecimiento, debido a que es el tiempo de renovación de la creación. Es un mes para traer a la superficie lo que está oculto, tapado o camuflado en el momento de observar la realidad. Acuario tiene la bondad de impulsar a la persona para transformar la potencialidad en acción; es un tiempo donde el renacimiento (comenzar de nuevo), la inspiración y la creatividad están disponibles para el individuo.

La energía de este mes trae consigo la fuerza necesaria para librar a la persona de las limitaciones que la arraigan al mundo físico, las cuales le impiden elevarse y trascender. Pero para acceder a este poder, se debe en primer lugar tener un autocontrol, basado en controlar los aspectos de naturaleza instintiva o reactiva del ego. Recordando que autocontrol es saber que puedes hacer algo, pero voluntariamente decides no hacerlo.

Al igual que en los meses anteriores, y como en la vida misma, es necesario una vez más sobreponer la naturaleza altruista a la egoísta, lo que no significa que se deba aniquilar al ego, sino, por el contrario, se busca potenciarlo a través de la disciplina para elevarlo al nivel de la propia voluntad altruista.

El ego es una parte muy importante del ser humano, la cual le fue dada con el propósito de apoyarlo en su proceso de perfeccionamiento o refinamiento personal. El ego es esa parte que permite manifestar la bondad que existe en el alma por medio de acciones en el mundo físico; sin él sería imposible lograr este refinamiento y la reconstrucción del mundo espiritual, puesto que la única forma de lograr esa reconstrucción es a través de las acciones.

Todas las semillas de cambio plantadas en los dos meses anteriores comienzan a germinar ahora. Capricornio fue un mes definitivamente exigente, un tiempo para mirar hacia adentro y cambiar viejos patrones de pensamiento y paradigmas. En Acuario es el tiempo de recibir la recompensa por ese duro trabajo, es un momento de empezar nuevos proyectos y avivar el entusiasmo por la vida.

Este mes es conocido en las fuentes bíblicas como el mes en el cual se celebra el año nuevo para los árboles frutales, por tanto, es un tiempo propicio para comenzar, para emprender, para empezar de nuevo e iniciar proyectos rediseñando el plan de vida y adquiriendo nuevos compromisos consigo mismo, con el firme propósito de avanzar y mejorar, y más temprano que tarde poder brindarle al mundo una mejor versión de sí mismo.

La sabiduría bíblica considera a la persona como un árbol frutal (Deuteronomio 20:19). Solo que el ser humano es como un árbol invertido, ya que las raíces del árbol se encuentra abajo en las profundidades de la tierra, mientras que las raíces de la persona se encuentran arriba, en las alturas, pues su raíz es su alma. Y esto es así, porque el árbol se nutre de abajo, de la tierra, mientras que el hombre se nutre de lo alto. Continuando con este concepto en el cual la persona es comparada de forma alegórica con un árbol frutal, es descrita de la siguiente manera: las raíces representan sus creencias; el tronco, sus pensamientos; las ramas, sus emociones y sentimientos, y finalmente los frutos representan sus acciones, que no son otra cosa que la materialización de sus creencias, pensamientos y sentimientos aquí en el mundo físico. Este mes la persona tiene la gran oportunidad de conectarse con la energía del mundo vegetal, imitando así su capacidad de dar incondicionalmente (naturaleza altruista) y de ir en contra de la fuerza de la gravedad, la cual está representada por la naturaleza instintiva y reactiva del ego.

Este mes la persona puede conectarse con esa fuerza interior presente en el mundo vegetal con la cual se es capaz de superar la gravedad, representada con esos obstáculos interiores que la limitan y le impiden alcanzar su potencial.

Signo: «Acuario», cubo o balde

Acuario está representado por el cántaro o cubo de agua, lo cual está directamente relacionado con el servicio. Como un cubo de agua puede saciar la sed de una persona, de la misma manera este mes tiene la fuerza de saciar la sed por el conocimiento y la sabiduría de las leyes espirituales que rigen los mundos físico y espiritual. Recordemos que las manifestaciones físicas no son otra cosa que una extensión de los propios pensamientos y emociones.

Astro regente: Saturno

Saturno, el séptimo planeta del sistema solar, es el planeta del juicio, el orden, la responsabilidad, la disciplina y las leyes. Con esto se demuestra que es una época de contemplación, puesto que Saturno tiene la influencia sobre el entendimiento, y así, conduce a la persona hacia una revisión imparcial de su vida y a la rectificación sincera que brota desde el fondo de su corazón.

De acuerdo con la astrología modera, los astros que influyen a Acuario son Saturno y Urano. Urano aparece como el número ocho, mientras que Saturno con el número siete; esto trae a colación que la influencia de Urano brinda la oportunidad de romper con todas las limitaciones materiales o físicas que son caracterizadas por el número siete, como son los siete días de la semana, los siete orificios que la persona tienen en su cara, las siete notas musicales, los siete colores, etc. Urano despierta la sabiduría, mientras que Saturno despierta el entendimiento.

El mes de Acuario es un tiempo donde le es posible a la persona hacer una conexión con la parte más elevada de su alma, que corresponde a una parte muy especial del árbol de la vida, descrito en Génesis 2:9.

Sentido: el gusto

Es también el sentido de comer apropiadamente, por lo que a veces es llamado el sentido de comer.

Existe una relación esencial entre el hombre y su comida. De la comida el ser humano se nutre y toma vitalidad. Aquí podríamos decir que la persona es lo que come y su vida es reflejo de su alimento.

El comer es una necesidad básica humana, es la acción primaria que une al cuerpo con el alma. Enseña R. Najman de Breslev que si una persona desea ascender espiritualmente a través del comer, llegará hasta los niveles más elevados. Por el contrario, una persona que tenga una constante obsesión por la comida puede llevarla a un estancamiento espiritual, puesto que la mente se desarrolla a través del alimento que recibe: cada alimento tiene una carga espiritual la cual nutre a la persona imprimiéndole energía y dirección a la hora de pensar, sentir y actuar. Cuando se come de modo innecesario, el alimento superfluo embota el sentido del juicio. «Es por ello que el funcionamiento de la mente y los rasgos de la personalidad dependen también de los alimentos que se ingieren en la dieta diaria».

La prosperidad y la paz siempre van juntas, mientras que el hambre genera controversia y lucha. De modo que un deseo constante por comida es una señal de que la persona tiene enemigos visibles y ocultos. En tal sentido, la persona al quebrar el deseo desmedido por la comida puede ser el comienzo para que obtenga la paz con sus enemigos y/o personas envidiosas.

El individuo puede tener dos clases de enemigos: los enemigos externos y los internos. Estos enemigos internos pueden estar representados, por un lado, por sus propias limitaciones y por otro, por sus propios órganos internos, en ambos escenarios conducidos por su propio ego, ya que estos son capaces de atraparlo y someterlo para luego esclavizarlo a través de la búsqueda de una constante gratificación física y material de la cual nunca se sentirá suficientemente satisfecho.

El sentido rectificado del comer es el sentido particular de la persona justa, de aquella que se dedica a hacer todo lo que está a su alcance para lograr su refinamiento y corrección, sin dejar de lado la cuota de responsabilidad que tiene en que las personas que conforman su mundo también puedan lograr este refinamiento y corrección.

Órgano controlador: el estómago y el esófago

Es clara la relación entre el estómago y el sentido del gusto (comer). El Talmud señala: «El estómago muele». El proceso de moler es esencial para la digestión. Desintegrar la sustancia gruesa de la comida en partes pequeñas es necesario para liberar las chispas de fuerza de vida o de luz contenida en los alimentos. Al «moler» (similar a la masticación en la boca) el estómago en cierta forma «saborea» la esencia íntima de los alimentos ingeridos. Este sentido interior y espiritual de degustar, controla el sentido más externo y físico del gusto y el comer que comienza en la boca.

Trabajo de perfeccionamiento interior para el mes de Acuario

- Toma conciencia de que ningún acto, por insignificante que parezca, proviene de la nada o del vacío.
- Comprende que generalmente lo principal y esencial se encuentra «del otro lado». Lo que no percibimos a simple vista.
- Reflexiona sobre cómo llevar a cabo tu propia renovación. Haz tu plan de vida.
- Amárrate solo a la concepción de vida que da frutos.
- No busques hacer todas las cosas al mismo tiempo, eso solo te traerá mucha ansiedad.
- Protege un poco más tu imagen.
- Recuerda que tus planes y proyectos solo dependen de ti.
- No tengas miedo a las pruebas de capacidad que aparezcan como obstáculo (recuerda que son solo oportunidades para tu crecimiento).
- Evita ser inseguro, la seguridad es tu mejor arma. Sé digno de confianza de forma habitual.
- Cuida tu economía, no es bueno el derrochar lo que sobra hoy ya que puedes necesitarlo mañana.
- En todo lo que te propongas este mes, ten mucho tacto y sutileza, y recuerda jugar en equipo. Crea situaciones de ganador-ganador.
- Practica la compasión.
- Sé humilde.
- Construye relaciones; ocúpate de los demás.
- Busca ajustarte a las circunstancias, promueve el cambio. Trabaja en equipo.
- Haz las paces con los demás y especialmente con tu pareja.
- Cuida tu palabra, no escuches ni provoques chismes.

Cada prueba o problema es realmente una oportunidad para rectificar nuestro mundo interior y exterior

Febrero. El pre-requisito del éxito, la alegría

Signo o Mazal: Piscis
Símbolo que lo representa: dos peces
Período: febrero-marzo
Nombre bíblico del mes: Adar
Letra del alfabeto bíblico que lo representa: «Kuf»
Elemento: agua
Planeta regente: Saturno
Parte del cuerpo que lo representa: los pies
Tribu bíblica que lo representa: Naftalí
Piedra correspondiente para este mes: ágata
Sentido: la risa
Órgano controlador: el bazo

Piscis es el último mes del ciclo astrológico, y por tanto, representa el nivel más elevado del desarrollo espiritual de todos los meses del año.

El mes de Piscis es el duodécimo mes del ciclo astrológico y es conocido como el mes más positivo del año, ya que es un tiempo para recobrar sueños perdidos y volver a encender las pasiones y la alegría de vivir. La palabra *Adar*, como es llamado este mes en las fuentes bíblicas, etimológicamente está relacionada con la palabra *adir*, que significa «nobleza» y «poder».

Es un tiempo donde la persona puede trascender el nivel material (dominado por el ego) con los poderes espirituales del alma, cambiando para mejor su realidad externa y su destino con suma facilidad, ya que al hacer una conexión con su alma o su parte altruista, esta podrá elevarse por encima de las influencias astrológicas y las leyes espirituales, incluida la de causa y efecto. Por una parte, es un mes de buena fortuna y tradicionalmente es un tiempo donde «la fortuna es fuerte»; y por otra, el Talmud señala que cuando entra el mes de Piscis «la alegría se incrementa». En este mes se conmemora la «metamorfosis» de la aparente mala fortuna en buena fortuna. Es el momento donde se transforma lo malo en bueno y la maldición en bendición, puesto que la alegría encapsulada en este mes tiene la fuerza de romper todas las barreras que limitan y obstaculizan el crecimiento personal, profesional, emocional y espiritual del ser humano».

El poder del mes de Piscis radica en su capacidad de romper la tristeza, la angustia, el mal de ojo, el efecto destructivo de la envidia y toda clase de magia o hechicería, que pueda estar agobiando o acechando directa o indirectamente a la persona. La energía que presenta este mes, en particular, es capaz de eliminar y revertir el mal que nos desean nuestros angustiadores y enemigos, y en su lugar escuchar y presenciar buenas nuevas.

Este mes es un tiempo para aprender de manera profunda y consiente que «siempre el fin está insertado en el comienzo» y su enseñanza esencial es: «La alegría es la acción cargada de una emoción capaz de romper todas las barreras». Cuando la persona experimenta la alegría en su corazón puede fácilmente vencer todos los obstáculos y superar cualquier barrera o limitación que se le interponga para alcanzar su autorrealización o alejarla de su felicidad y alegría absoluta. Uno de los grandes regalos que trae consigo este mes es la facilidad con la que es posible sentirse gozoso y libre de estrés, alejando de una vez y para siempre el caos del mundo.

La alegría es un elemento esencial para que la persona pueda alcanzar el éxito personal, profesional y espiritual; y se podría afirmar, sin duda, que la alegría es un prerrequisito indispensable para alcanzar el éxito que se desea para la vida.

En realidad el estado de ánimo y la disposición de la persona influye directa y proporcionalmente en las manifestaciones de los éxitos que esta pueda tener en su vida; de hecho, la mayoría de las personas piensan que el que está contento es porque le va bien, cuando en realidad es al contrario, al que le va bien es porque está contento. Por tanto, se podría afirmar que la alegría es la causa y el éxito la consecuencia de esa causa. Por ello se dice que la alegría es el prerrequisito indispensable para alcanzar el éxito deseado, ya que esta hace no solo que todo sea más fácil, sino que todo sea posible.

Piscis es un tiempo para liberarse de los estados de estrés, tristeza y angustia para lograr vivir realmente la experiencia de ser feliz. Esta facilidad con la que la persona puede sentirse gozosa y libre de estrés es uno de los regalos que trae consigo este mes, ya que al despertar la alegría interior en este mes, se podrá despertar la alegría en cada uno de los meses del próximo año o ciclo astrológico, es decir, que la alegría con la cual la persona viva este mes será un ingrediente determinante en la alegría que experimentará en los próximos doce meses.

Con Piscis termina el ciclo astrológico, es decir, Piscis representa el cierre de un ciclo cósmico, el cual puede afectar la vida de la persona de forma positiva si esta logra erradicar cualquier emoción negativa que esté alojada en su corazón, de ahí la importancia de sanar y cerrar ciclos en este tiempo, pues de lo contrario se podría estar arrastrando esa carga con sus respectivos intereses para el próximo ciclo.

Piscis es un mes muy especial ya que es el único que se duplica en el calendario bíblico, esto sucede siete veces cada diecinueve años. La adición de este mes ocurre debido a la diferencia entre el año lunar y solar.

La sabiduría legada por Adán, el primer hombre, transmitida por este a su descendencia y también recibida por Moisés en el monte Sinaí añadieron un mes adicional al año lunar para hacer un equilibrio armónico y perfecto entre el año lunar y solar.

En el año que recibe dos meses de Piscis, se le otorga a la humanidad una bendición muy especial, ya que el ser humano tiene la oportunidad de poder recibir una dosis adicional de la poderosa energía que canaliza este mes. Cuando esto ocurre el mes trece es llamado Piscis II y corresponde a la tribu de Levi. El sentido de esta tribu es la música, que en cierto modo es el sentido que abarca a todos los demás y a su vez reside dentro de cada uno de los otros sentidos, es decir, el sentido de cada mes está en vinculado con él.

Todo lo material o físico está relacionado con el número seis, ya que el mundo fue creado en seis días. Toda estructura física o material es poseedora de seis lados, como son los cuatro puntos cardinales, arriba y abajo, y el cuerpo humano fue creado en el sexto día de la creación y a su vez está conformado por seis partes, que son la cabeza, el tronco, dos extremidades superiores (brazos y manos) y dos extremidades inferiores (piernas y pies).

Por otra parte, los cielos, lo espiritual y el alma que posee el ser humano se relacionan con el número siete, puesto que por tradición es conocido que el cielo está conformado por siete niveles y el día más espiritual de la semana es el séptimo, ya que es un día donde cesa el trabajo físico para realizar un trabajo interior.

Consciente de que la creación consta de dos polos, uno material que está asociado con el número seis y otro espiritual relacionado con el siete, la persona tiene como misión fusionar ambos polos haciéndolos uno. Quien logra unir el cielo con la tierra y el alma con el cuerpo, obtendrá la sumatoria de sus partes, la cual no es otra que trece. Cuando el ser humano logra hacer esta unión, podrá metafóricamente vivir en el cielo pero con los pies en la Tierra y habrá transformado su naturaleza egoísta en altruista, alcanzando así la capacidad de elevarse por encima de la influencia astrológica para construir el destino que le apetezca.

Piscis es un tiempo para manifestar milagros, y particularmente para apreciar la fantástica belleza que existe en el mundo a pesar de estar rodeado por el caos y por una supuesta negatividad. Es un momento para celebrar los milagros ocultos, que no son más que todas aquellas grandes o pequeñas cosas que la persona suele atribuirle a la casualidad o a las coincidencias dentro de su vida diaria. El ser humano nace, vive y se desarrolla en el mundo físico de la acción, por lo tanto, ningún suceso que se manifieste aquí puede ser llamado casualidad o coincidencia sino «causalidad», pues todo lo que ocurre en este mundo es el resultado de una causa, ley de causa y efecto.

Regido por el planeta Júpiter, este mes trae otra vez una apertura para poder lograr una conexión con los conocimientos del universo espiritual y activar la energía para manifestar milagros. Con este me se concluyen los seis meses de invierno o los seis meses fríos del año que según El Gaón de Vilna, en su comentario al *Libro de la creación*, señala que Piscis también representa al sexto milenio, en el cual las divinas bendiciones que descienden desde lo alto, harán que todas las personas abocadas en su superación personal dancen en un círculo y se llenen de un regocijo absoluto. [2]

No es coincidencia que Piscis llegue en la primavera, cuando el frío se va y el calor comienza a filtrarse en cada parte de la vida. Este mes, por ser el último del año, representa metafísicamente el nivel más elevado del proceso de desarrollo espiritual y de perfeccionamiento humano, por esta razón este mes trae consigo la energía de poder colocar a la persona por encima de las limitaciones físicas o materiales que la puedan estar atando a este plano físico, haciéndola trascender, mejorar y elevar su realidad externa. La influencia astral que se presenta en este mes le permite maximizar su parte ilimitada (alma) y sobreponerla por encima de su parte limitada (ego); esto significa que es un tiempo en el cual se puede disminuir la opresión que pueda estar ejerciendo el ego sobre el alma.

Regido por el planeta Júpiter este mes trae, al igual que el de Sagitario, una nueva apertura para que la persona pueda conectar con los conocimientos del universo espiritual y activar la energía de milagros.

---

2   El Gaón de Vilna (1720-1797): erudito de las matemáticas, El Talmud y la cábala

Por otra parte, el mes de Piscis está asociado con la santidad. La santidad es el nivel de perfeccionamiento interior del ser humano, en el cual la inclinación al mal o la naturaleza instintiva y reactiva del ego ha sido totalmente transformada hacia el bien; en otras palabras, la voluntad egoísta de la persona ha sufrido una metamorfosis o transformación, y ha logrado ser una con la voluntad proactiva y altruista del alma. Se ha reemplazado el deseo de recibir para satisfacerse solo a sí mismo por un deseo de recibir para compartir con otros; con lo cual es posible experimentar el nivel conocido como el del amor incondicional.

La energía que depara este mes está también representada por el ojo de la aguja, ya que incluso en el sueño más irracional que el ser humano pueda experimentar, no puede ver pasar un imponente elefante por el ojo de una aguja. Piscis es un tiempo donde es posible experimentar esta gran maravilla, en donde el imponente elefante es representado por la esencia de la luz trascendental entrando por el ojo de una aguja la cual representa el contexto finito y limitativo del mundo físico en el cual la persona se encuentra.

Signo-Mazal: Piscis – dos peces

Los dos peces simbolizan al signo de Piscis, cuyas caras se encuentran en sentidos opuestos, una cara mirando hacia Acuario, representando el gran deseo de la persona por alcanzar su corrección y perfeccionamiento en el área material, y otra cara mirando hacia Aries, representando así el deseo de trascender su nivel material y alcanzar un nivel de despertar de conciencia espiritual que le permita trascender y crear una nueva realidad física amarrada a una conciencia de servicio donde prevalecerá su naturaleza altruista.

Los peces son muy fértiles, y por esta razón son vistos como un símbolo de bendición y prosperidad. Son criaturas del «mundo oculto» (el mar), por este motivo a ellos no les llega el mal de ojo, solo a los peces expuestos al ojo del hombre (como los que habitan en las peceras), sufren de este mal y flotan sin vida en las superficies de las mismas. Por otra parte, se dice que la bendición no recae sobre algo que está siendo observado detenidamente, sino que se manifiesta sobre algo que está oculto.

La palabra *dag*, en lenguaje bíblico, significa «pez», la cual es el singular de palabra *daguim,* que significa «peces», esta palabra es interpretada como la representación del *tikún* o corrección de la palabra *daag* que significa «preocuparse».

La acción de preocuparse causa en el ser humano una pérdida inmensurable de energía y, por tanto, de su poder interior, ya que este está creando escenarios y ocupándose de algo cuando ese algo aún no está en sus manos o a su alcance. Las preocupaciones no ayudan al futuro, pero la persona puede tener la certeza de que arruinará el presente, puesto que las preocupaciones son como unos intereses pagados por anticipado de una deuda que, la mayoría de las veces, nunca llega. La persona debe recordar que el pasado ya no está; el futuro aún no ha llegado y el presente dura lo que dura un parpadeo, ¿por qué, entonces, preocuparse? Porque la preocupación es como una silla mecedora; que va hacia delante y hacia atrás, pero no llega a ninguna parte.

La energía de este mes tiene la fuerza de convertir todos los problemas dentro del corazón del hombre en la suprema alegría de la redención con el nuevo nacimiento de su ser.

Tribu: Naftalí

En el sentido más místico y profundo de la sabiduría bíblica, el nombre Naftalí es leído (como dos palabras): Nofet-li, «dulzura para mí».

El patriarca Jacob bendijo a su hijo Neftalí de la siguiente forma: «Naftalí es un mensajero, quien expresa palabras elocuentes». Las «palabras elocuentes» de Naftalí elevan la alegría y la risa en los oídos de todos los que las oyen, con lo cual producen esa transformación de las malas noticias en buenas nuevas.

Sentido: la risa

La risa es el último de los rasgos humanos, representada en un conocido verso sobre la mujer virtuosa: «Ella ríe, esperando el fin de los días» (Proverbios 31:25). Después de los altibajos de todo el año, entramos en el mes de la risa saludable y catártica.

Efectivamente, la risa es la mejor medicina y tiene el poder de tornar todo el dolor, la miseria y las dificultades del pasado ciclo astrológico, en bondad y alegría para el ciclo venidero. La risa es la expresión de alegría ilimitada, que resulta de ser testigo de la emisión de luz desde la oscuridad. El epítome de la risa en la Biblia está asociado con la de la matriarca Sarah, esposa de Abrahán. Esto se debe a la reacción de Sara en relación con el nacimiento de su hijo Isaac, que en la lengua del paraíso es *Itzjak*, nombre que tiene su raíz etimológica en la palabra *tzjok,* que significa «risa», puesto que cuando Sara recibió la noticia exclamó: «Dios me hizo reír, quien quiera que oiga reirá conmigo». Cuando Sara dio a luz tenía la edad de 90 años y Abrahán contaba con 100 años de vida.

Órgano controlador: el bazo

La melancolía y tristeza que pueda experimentar el ser humano están asociadas con el bazo. Una de las funciones principales del bazo es la de purificar la sangre, y este solo puede filtrar una limitada cantidad de esta en un tiempo determinado. Esta actividad de purificación es muy beneficiosa para la salud, pero si dentro del sistema hay una cantidad extra de excesos, el bazo no puede filtrarla en su totalidad, y trae múltiples daños al organismo de la persona, puesto que las restricciones que tiene el bazo en cuanto a cantidad de la sangre que este puede filtrar le impide realizar su función como es debido. Estos excesos inducen a la tristeza y a la depresión [que en sí mismas envenenan aún más la sangre, generando la enfermedad] (*Likutey Moharán*). Por esto se señala que las enfermedades llegan al hombre por el deterioro de la alegría y el aumento de la tristeza y la angustia.

El bazo es llamado *tejol* en lenguaje bíblico, lo que significa «frío» y «seco», como el elemento tierra. La palabra *jol* significa «arena», el cual, es el más bajo y denso de los cuatro elemento (fuego, aire, agua y tierra). Al serel más bajo y denso de los cuatro elementos, el elemento la tierra está asociado a la depresión. Cuanto más triste se encuentra la persona, mas dominada está por la inercia interna que caracteriza y emana el elemento tierra. Esta inercia la lleva a la pereza y a la indiferencia, las que a su vez generan mayor depresión y letargo.

R. Najman de Breslev enseña que la alegría genera vitalidad en la vida, de modo que aquel que cae en la depresión puede contrarrestar sus efectos negativos obligándose a vivir con alegría. Y ¿cómo puede ser esto? La persona vive en el mundo de la acción: esto quiere decir que a través de las acciones esta puede hacer cambios en su vida y en el rumbo de su destino emocional. Por tanto la persona requiere hacer esfuerzos en realizar acciones o actos donde prevalezca la alegría. Una vez repetidos estos actos una y otra vez podrá comenzar a despertar alegría dentro de su ser, lo que sin lugar a dudas la llevará a pensar que está alegre y finalmente creer que es una persona alegre. Cuando la persona crea que esta alegre el proceso se realizará de forma inversa trayendo para así alegría sin esforzarse para ello. Es así como se consigue que lo externo despierte lo interno.

En el Talmud está señalado: «El bazo ríe». A primera vista, esto aparece como una paradoja dado que el bazo es considerado el asiento del «humor negro», la fuente de todos los estados de depresión y desesperanza que puede experimentar la persona. La esencia de la energía de este mes representa todos los estados de transformación y metamorfosis existenciales que afectan a la persona en el transcurso de su vida.

Trabajo de perfeccionamiento interior para el mes de Piscis:

- Da rienda suelta a tu imaginación, romance, compasión y capacidad de soñar en grande.

- No busques obtener la comprensión de los demás. Con que lo comprendas tú es suficiente.
- Sé un líder de decisión y de acción.
- Promueve la acción. Recuerda que la diferencia entre un soñador y un realizador radica en tomar acción.
- Ten confianza en ti mismo (no puedes permitirte el lujo de perder tu confianza, fe y certeza).
- Busca el equilibrio entre la lógica y la emoción.
- Muestra compasión por los demás.
- Sé responsable por todo lo que ocurre en tu vida. Recuerda que tú eres la causa de tus propias circunstancias.
- Descubre qué áreas de tu vida y rasgos de tu carácter puedes mejorar.
- Regala presentes a conocidos.
- Evita bajo cualquier circunstancia codiciar lo ajeno o envidiar. ¿Cómo saber cuándo envidias o codicias de una forma alejada de la bondad? Cuando te haces la famosa pregunta: ¿Por qué el sí y yo no?
- Da caridad.
- Regala presentes a desconocidos. Sé un generador de alegrías.

Epílogo

... Entonces Josué habló a Dios el día en que Dios entregó a los amorreos delante de los hijos de Israel, y dijo en presencia de Israel: Sol, detente en Gabaón, y tú luna, en el valle de Ajalón. Y el sol se detuvo, y la luna se paró, hasta que la nación se vengó de sus enemigos. Y el sol se detuvo en medio del cielo y no se apresuró a ponerse como por un día entero. Y ni antes ni después hubo día como aquel... (Josué 10:12-14).

En este relato se puede observar como Josué, el discípulo predilecto de Moisés, ordena a los astros detenerse y estos lo hacen de forma inmediata, así como en el ámbito militar un subalterno obedece la orden de su superior, asimismo obedecieron el Sol y la Luna a Josué.

¿Cómo puede ser esto posible? ¿Cómo una persona puede ordenar e intervenir en el desarrollo cotidiano del universo, rompiendo con todas las leyes físicas conocidas hasta ahora? ¿Es esto posible? Para aclara este pasaje, que en un sentido general encierra la esencia de esta obra, es necesario sumergirse en los secretos de la tradición, donde se explica de forma profunda y detallada lo que realmente quieren trasmitir estos versículos.

Por tradición sabemos que realmente no fue que Josué detuvo de forma física y literal la rotación del Sol y de la Luna, sino que lo que realmente hizo fue detener la influencia astrológica de estos, y de esta manera poder tener una influencia cósmica favorable para que Israel, representado por la persona, logrará ganarle la batalla a los amorreos, representados por las cualidades limitativas y deseos instintivos del ego.

Querido lector, en tus manos siempre va a estar la posibilidad de elevarte por encima de las influencias astrales y hacer que estas operen de forma favorable para ti. Desde siempre has sido y seguirás siendo un cocreador del mundo, particularmente del tuyo, solo debes esforzarte en hacer una debida y efectiva conexión con la bondad y el amor presentes en tu propia alma. Una vez hayas logrado hacer esa conexión podrás iniciar la iluminación en este mundo, actualmente tan oscuro y sumergido en tanto caos y miserias.

Cuando la persona alcanza esa conexión con su alma automáticamente comienza a llenar su mundo de pensamientos, sentimientos y acciones cargadas de altruismo, accederá a controlar los principios fundamentales que tienen el poder de romper con la mecánica de la influencia astrológica, eliminando así el determinismo o destino básico asociado directamente con la naturaleza reactiva de su propio ego, para desde ese momento ser sustituido por un nuevo y mejorado destino creado por ella misma.

Esta obra es una guía de superación personal y trabajo interior la cual se irá actualizando por sí misma a tus ojos y comprensión día a día, mes a mes, año a año, es decir, que se irá renovando a sí misma con el paso del tiempo, ya en la medida que estudies y profundices en sus páginas tu nivel de conciencia se irá elevando día tras día. Así que mi recomendación es que alinees esta obra con tu propia transformación espiritual, haz de ella tu guía de consulta, puesto que como habrás observado toca aspectos de interés general de la conducta humana, y observarás cómo cada día podrás leer sus páginas con ojos nuevos, lo que te permitirá alcanzar una comprensión cada vez mayor sobre las leyes físicas y espirituales que influyen sobre el ser humano, para así manifestar una vida feliz y satisfactoria llena de milagros y soluciones.

Más que un agradecimiento por permitirme ser parte de tu maravilloso viaje de transformación espiritual y superación personal, quiero desde lo más profundo de mi corazón reconocerte como esa chispa de luz que ilumina este mundo, con lo cual mis esperanzas son potenciadas y renovadas, y soñar con el día en que todos seamos nuevamente uno, momento en el cual el caos y la oscuridad serán parte del pasado en donde juntos podremos compartir los beneficios de este esfuerzo y trasformación interior centrada en ir del egoísmo al altruismo.

También quiero pedirte encarecidamente que compartas conmigo tus experiencias sobre este viaje enriquecedor y transformador que emprendiste con la lectura de esta obra, y así poder acompañarte en todo momento, por tanto, puedes abiertamente y con toda confianza escribirme a mi e-mail:
kalexanderc@hotmail.com;
entrando a mi web site www.alexandercaraballo.com;
al Twitter: @alex1caraballo,
también puedes seguirme en Facebook: Alexander Caraballo

Saludos y bendiciones
Alexander

Glosario

Adán: El primer hombre. Desde el punto de vista místico representa, por una parte, el principio masculino que atrae energía para compartir; y por otra, el principio femenino que recibe y revela. La primera vez que sale en la Biblia la palabra Adán es en (Génesis 1:26) «Creó Dios a Adán a Su imagen y semejanza...» «Adán» en lenguaje bíblico o sagrado significa hombre, y se deletrea como Alef-Dalet-Mem. La Alef significa aprender sabiduría; el valor numérico de la Dalet es cuatro, representando así los cuatro elementos (fuego, aire, agua y tierra); y la Mem es una letra cerrada que representa aquello que no está visible, en otras palabras Mem simboliza los mundos superiores los cuales no están visibles al ojo físico. Para que el hombre pueda alcanzar los mundos superiores, donde Dios puede hablarle directamente a su corazón, el cielo está unido con la tierra y el alma es permeada sobre el ego; el hombre requiere superar las cualidades limitativas que surgen de la Dalet, características de los cuatro elementos del zodiaco que conforman los rasgos y tendencias de su personalidad. Esto solo puede ser logrado cuando el hombre se espiritualice a través de la sabiduría adquirida.

ADN: Acido Desoxirribo Nucleico. Contiene el patrón genético y transmite el patrón hereditario de una generación a otra.

Alef-Bet: ADN metafísico de toda la creación, el cual canaliza las energías astrales hacia nuestro mundo físico.

Caos: Palabra que viene del griego *kaos*, que significa «desorden». El caos es la antítesis del cosmos.

Conciencia: Niveles de apercibimiento. A medida que el alma se libera de los velos de la «negatividad» causados por la voluntad del ego, se manifiestan en la persona los niveles más elevados de comprensión y apercibimiento.

Corrección: En lenguaje bíblico *tikún*. Tarea de traer armonía y equilibrio cósmico e individual al universo en un estado de perfección. Rectificación espiritual del alma del hombre. Perfeccionamiento humano.

Cosmos: Se origina del termino griego *kosmos* que significa «orden». Un cosmos es un sistema ordenado y armonioso. Cuando hablamos de la energía cósmica, nos estamos refiriendo al orden energético que fue dispuesto al principio de los tiempos. Wikipedia dice que: «Cuando esta palabra es usada como término absoluto, significa todo lo que existe, incluido lo que se ha descubierto y lo que no. El cosmos es todo lo que es, o lo que fue, o lo que alguna vez será».

Creador: La fuente de todo dar incondicionalmente y energía positiva.

Dios: La fuente de todo lo positivo.

Ego: La persona consciente de sí, egocentrismo. Desde el punto de vista místico, el ego es el deseo de recibir para satisfacerse solo a sí mismo. Parte de la persona encargada de representarla ante el mundo físico y que le da la oportunidad de mostrar la mejor versión de sí mismo. En el ego reposa información genética y astral.

Guematria: Sistema de numerología usado para las interpretaciones bíblicas y el discernimiento místico de los aspectos secretos u ocultos de La Biblia.

Influencias cósmicas: De la misma manera que la Luna influye en las mareas de todos los cuerpos de agua en la Tierra en un nivel físico, y los estados emocionales en un nivel más leve, de la misma forma la inmensidad de influencias astrales se combinan y programan, para dar forma al destino de cada persona y del universo. Cada persona tiene la capacidad de asumir el control sobre estas influencias para lograr manifestar una realidad paralela más elevada en donde predominen la bondad, la paz y la armonía.

Lenguaje paradisiaco o **Lenguaje del paraíso:** Lengua hablada por Adán, Noé, Abrahán, Isaac, Jacob, Moisés y Jesús, que en la actualidad es conocida como hebreo.

Libre albedrío: Capacidad que tiene la persona de elegir entre manifestar su voluntad egoísta o su voluntad altruista.

Mazal: En lenguaje del paraíso quiere decir «signo» o «suerte», pero desde un punto de vista místico y profundo la palabra MAZAL representa el acróstico de las palabras: Lamad (Aprender), Makon (Lugar) y Zeman (Tiempo). ¿Quién tiene suerte? Aquel que aprende en su debido momento de los eventos que le suceden en la vida.

Midrash: Es una exposición de los versículos de la Biblia de los sabios y místicos portadores de la sabiduría legada por Adán, después de haber sondeado en las profundidades de cada capítulo y en todas las palabras y letras del mismo en busca del verdadero significado interior

Talmud: Cuerpo oficial de la tradición bíblicas sobre el cual se basan las leyes manifestadas en la Biblia.

Tradición: Sabiduría legada por Adán y transmitida a su descendencia, que Moisés recibió en el Sinaí y luego la transmitió de boca a boca a su generación, y esta fue transferida de generación en generación hasta nuestros tiempos.

Zohar: Libro del Esplendor. Obra principal del misticismo bíblico que contiene la interpretación de los misterios y secretos de la Biblia.